PSYCHODYNAMIK **Kompakt**

Herausgegeben von
Franz Resch und Inge Seiffge-Krenke

Martin Altmeyer

Ich werde gesehen, also bin ich

Psychoanalyse und die neuen Medien

Mit 5 Abbildungen

Vandenhoeck & Ruprecht

Bibliografische Information der Deutschen Nationalbibliothek:
Die Deutsche Nationalbibliothek verzeichnet diese Publikation in der
Deutschen Nationalbibliografie; detaillierte bibliografische Daten sind
im Internet über https://dnb.de abrufbar.

Umschlagabbildung: Paul Klee, Angelus Novus, 1920/Heritage Images/
Fine Art Images/akg-images

Satz: SchwabScantechnik, Göttingen
Druck und Bindung: ⊕ Hubert & Co. BuchPartner, Göttingen
Printed in the EU

Vandenhoeck & Ruprecht Verlage | www.vandenhoeck-ruprecht-verlage.com

ISSN 2566-6401
ISBN 978-3-525-45907-2

Inhalt

Vorwort zur Reihe

Zielsetzung von PSYCHODYNAMIK KOMPAKT ist es, alle psychotherapeutisch Interessierten, die in verschiedenen Settings mit unterschiedlichen Klientengruppen arbeiten, zu aktuellen und wichtigen Fragestellungen anzusprechen. Die Reihe soll Diskussionsgrundlagen liefern, den Forschungsstand aufarbeiten, Therapieerfahrungen vermitteln und neue Konzepte vorstellen: theoretisch fundiert, kurz, bündig und praxistauglich.

Die Psychoanalyse hat nicht nur historisch beeindruckende Modellvorstellungen für das Verständnis und die psychotherapeutische Behandlung von Patienten hervorgebracht. In den letzten Jahren sind neue Entwicklungen hinzugekommen, die klassische Konzepte erweitern, ergänzen und für den therapeutischen Alltag fruchtbar machen. Psychodynamisch denken und handeln ist mehr und mehr in verschiedensten Berufsfeldern gefordert, nicht nur in den klassischen psychotherapeutischen Angeboten. Mit einer schlanken Handreichung von 70 bis 80 Seiten je Band kann sich die Leserin, der Leser schnell und kompetent zu den unterschiedlichen Themen auf den Stand bringen.

Themenschwerpunkte sind unter anderem:
- *Kernbegriffe und Konzepte* wie zum Beispiel therapeutische Haltung und therapeutische Beziehung, Widerstand und Abwehr, Interventionsformen, Arbeitsbündnis, Übertragung und Gegenübertragung, Trauma, Mitgefühl und Achtsamkeit, Autonomie und Selbstbestimmung, Bindung.
- *Neuere und integrative Konzepte und Behandlungsansätze* wie zum Beispiel Übertragungsfokussierte Psychotherapie, Schema-

therapie, Mentalisierungsbasierte Therapie, Traumatherapie, internetbasierte Therapie, Psychotherapie und Pharmakotherapie, Verhaltenstherapie und psychodynamische Ansätze.

- *Störungsbezogene Behandlungsansätze* wie zum Beispiel Dissoziation und Traumatisierung, Persönlichkeitsstörungen, Essstörungen, Borderline-Störungen bei Männern, autistische Störungen, ADHS bei Frauen.
- *Lösungen für Problemsituationen in Behandlungen* wie zum Beispiel bei Beginn und Ende der Therapie, suizidalen Gefährdungen, Schweigen, Verweigern, Agieren, Therapieabbrüchen; Kunst als therapeutisches Medium, Symbolisierung und Kreativität, Umgang mit Grenzen.
- *Arbeitsfelder jenseits klassischer Settings* wie zum Beispiel Supervision, psychodynamische Beratung, Soziale Arbeit, Arbeit mit Geflüchteten und Migranten, Psychotherapie im Alter, die Arbeit mit Angehörigen, Eltern, Familien, Gruppen, Eltern-Säuglings-Kleinkind-Psychotherapie.
- *Berufsbild, Effektivität, Evaluation* wie zum Beispiel zentrale Wirkprinzipien psychodynamischer Therapie, psychotherapeutische Identität, Psychotherapieforschung.

Alle Themen werden von ausgewiesenen Expertinnen und Experten bearbeitet. Die Bände enthalten Fallbeispiele und konkrete Umsetzungen für psychodynamisches Arbeiten. Ziel ist es, auch jenseits des therapeutischen Schulendenkens psychodynamische Konzepte verstehbar zu machen, deren Wirkprinzipien und Praxisfelder aufzuzeigen und damit für alle Therapeutinnen und Therapeuten eine gemeinsame Verständnisgrundlage zu schaffen, die den Dialog befördern kann.

Franz Resch und Inge Seiffge-Krenke

Vorwort zum Band

Die neuen Informationstechnologien haben die Jahrtausendwende entscheidend geprägt: Interaktive Massenmedien verändern die Kommunikation unter den Menschen und revolutionieren den Zugang zu Wissen. Wer die Psychoanalyse als Medium der Aufklärung ansieht, darf nicht in das populistische Weltuntergangsgeheul einstimmen, das derzeit den intellektuellen Diskurs bestimmt, sondern muss Gefahren und Chancen dieser Entwicklung balanciert diskutieren und dabei wissenschaftliche Fakten von ideologisierten Angstszenarien trennen. Damit beginnt dieser Band. Zu oft wird das Zeitalter des Internet »als Epoche eines sozialen, kulturellen und seelischen Niedergangs« beschrieben. Doch während die neuen Technologien dämonisiert werden und »Big Data« als neuer Menschheitsfeind aufgebaut wird, nutzen jugendliche Adressaten ihre Möglichkeiten im Netz ohne Umschweife und zeigen, dass sie offenbar mehr Angst haben, übersehen als überwacht zu werden. »Big Brother ist eigentlich Big Mother …!« Beiträge der Psychoanalyse zur Psycho- und Soziopathologie der modernen Kommunikationsgesellschaft muten über weite Strecken besonders »schwarz« an und scheinen die apokalyptischen Phantasien noch zu beflügeln. Narzissmus, Persönlichkeitszerfall, Suchtmechanismen, Zwang zur Selbstoptimierung und Entfremdung zwischen den Generationen münden in eine völlig entsolidarisierte Gesellschaft. Doch wer bereit ist, auch wissenschaftliche Fakten zu berücksichtigen, kann zu dem Schluss kommen, dass die heutige Jugend besser als ihr Ruf ist. Es gibt einen Trend bei 12- bis 25-Jährigen, mehrheitlich zukunftsoptimistisch, abweichungstolerant, selbstkritisch, umweltbewusst und kosmopolitisch ausgerichtet zu sein. Soziale Medien werden aktiv und kritisch genutzt. Die Psychoanalyse kann auch nach der unbestreitbaren Attraktivität des Internets fragen oder die Themen des Neuen, Ungewohnten und Befremdlichen aufgreifen. Der Autor, der in diesem Diskurs seit Jahren erwiesenermaßen kundig ist, nennt die Formel: Ich werde gesehen – also bin ich. Diese entwicklungspsychologische Identitätsformel verdeutlicht: Nicht mehr Sexualität, sondern Identität stellt das seelische Hauptproblem der Gegenwart dar. Der Andere ist nicht bloß das Objekt des Begehrens, sondern auch ein Spiegel des Selbst. Diese Problematisierung des menschlichen Selbstverhältnisses hat auch vor der Psychoanalyse selbst nicht Halt gemacht. Ein Ausgangspunkt für ihre intersubjektive Wende? Im zweiten Kapitel beschreibt der Autor die moderne Psychoanalyse als Antwort auf eine Modernisierung der Gesellschaft. Dabei nimmt das Unbewusste eine Scharnierfunktion zwischen Innen- und Außenwelt ein: Aus dem triebhaften Unbewussten wird ein relationales Unbewusstes. Der Begriff des Narzissmus kann intersubjektiv neu formuliert werden. Könnte das Smartphone ein Übergangsobjekt sein? Im dritten Kapitel wird eine ambivalente Gegenwartsdiagnose angeboten. Vom Selbst ausgehend richtet sich das Bedürfnis nach Resonanz an die Welt »da draußen«, um von dort als Widerhall zum Selbst zurückzukehren. Doch auch Inszenierungen von Allmacht und Größenwahn können sich medial mit großem Echo verbreiten lassen. Die Medaille hat zwei Seiten. Virtuelle und »wirkliche« Realität sind keine Gegensätze. Beide zusammen gestalten unsere Lebensbedingungen. Hasskommentare und Humor, Darknet und öffentliche Breitenwirkung sind Ausdruck der Offenheit des Internets. Sollte nicht gerade die Psychotherapie darauf vertrauen, dass die »Internetgeneràtion sich die Lebenswelt der reflexiven Moderne auf ihre besondere Weise« aneignen wird? Ein kundiges und aufklärerisches Buch!

Franz Resch und Inge Seiffge-Krenke

Prolog

Im Jahr 1983 wurde das erste Mobiltelefon produziert, das fast ein Kilogramm wog. In Deutschland kam die erste E-Mail 1984 an, versandt aus den USA einen Tag zuvor. Im gleichen Jahr wurde das Kurznachrichtensystem SMS eingeführt. 1996 war das Geburtsjahr des handlicheren »Cellphones« oder »Handys«, das seit 1999, mit einer Kamerafunktion versehen, auch das Versenden von Bildern erlaubt. Das erste I-Phone kam 2007 auf den Markt, eine Kombination aus Computer und Handy, mit deren Hilfe man nicht nur telefonieren, Briefe und Nachrichten verschicken, sondern auch Fotos bearbeiten, Rechnungen bezahlen, Bestellungen aufgeben, Reisen buchen oder Wege finden konnte. Facebook, das erste soziale Netzwerk mit massenhafter Nutzung und zahlreichen Funktionen für Selbstdarstellung und Kommunikation, gibt es seit 2004. Das Internet befand sich also noch in den Kinderschuhen, als Umberto Eco (1987) in »Über Gott und die Welt« auf einen Generalbefund der gängigen Kulturkritik hinwies mit der ihm eigenen Ironie: »Es waren einmal die Massenmedien, sie waren böse« (S. 162).

Ein Vierteljahrhundert zuvor hatte Adorno (1963) bereits den Begriff der Massenmedien als »Ideologie der Kulturindustrie« gegeißelt, die ihr »Profitmotiv blank auf die geistigen Gebilde« übertrage, wie er im »Résumé über Kulturindustrie« befindet. Denn deren Kunde sei keineswegs »König, ihr Subjekt, sondern ihr Objekt« und der Geist, der den Massen »eingeblasen wird, die Stimme ihres Herrn«, der unter der Maske der Abwechslung, des Fortschritts, des Neuen für »unkritisches Einverständnis« werbe (S. 60 f.). Es war die Wiederholung eines noch älteren Verdachts, den Horkheimer und

Adorno in ihrer »Dialektik der Aufklärung« (1947/1969) schon in der Mitte des 20. Jahrhunderts gegen die kapitalistische Kulturindustrie erhoben hatten: Sie betrüge »ihre Konsumenten um das, was sie immerwährend verspricht« (S. 125). Im Informationskapitalismus des 21. Jahrhunderts richtet sich der kulturkritische Generalverdacht gegen die großen Internetkonzerne, deren Nutzer nicht nur um die Versprechungen betrogen, sondern zudem noch manipuliert, ausspioniert und überwacht würden.

Wir werden sehen, ob die interaktiven Massenmedien wirklich böse sind oder ob es darauf ankommt, von welchen Menschen, zu welchen Zwecken und mit welchen Zielsetzungen sie genutzt werden. Wer beispielsweise Donald Trump nur als »Twitter-Präsidenten« attackiert und damit die sozialen Netzwerke für seinen Wahlsieg verantwortlich macht, sollte wissen, dass überraschende Wahlsiege in der jüngeren Geschichte der USA stets unter massivem Einsatz neuer Medien zustande kamen. Teddy Roosevelt gewann mithilfe des damals gerade zur Welt gekommenen Radios. John F. Kennedy nutzte die Möglichkeiten des noch jungen Fernsehens. Obama gewann nicht zuletzt deshalb, weil er zusammen mit seinem jungen Team erstmals das Internet und die neuen Medien professionell einsetzte und damit die Jugend begeisterte.

Die Psychoanalyse ist selbst ein Medium, und zwar ein Medium der Aufklärung gleich in dreifacher Hinsicht. Als Psychotherapiemethode dient sie der individuellen Selbstaufklärung in Gegenwart eines Anderen: Der Patient benutzt den Therapeuten als Mittel, um sich im Spiegel von dessen Deutungen selbst zu erkennen, einschließlich seiner verdrängten, verleugneten, abgespaltenen oder sonst irgendwie abgewehrten Selbstanteile. Als wissenschaftliche Persönlichkeitstheorie dient sie der kollektiven, wenn auch schmerzhaften Selbstaufklärung der Gattung: nach der kosmologischen Kränkung durch die kopernikanische Wende und der biologischen Kränkung durch die darwinistische Evolutionstheorie nun die psychologische Kränkung durch die Entdeckung des Unbewussten. Als angewandte Gesellschafts- und Kulturanalyse dient sie der zeitdiagnostischen Aufklärung der gegenwärtigen Lebenswelt: Mit ihrer Hilfe verständigen wir uns über Fragen des zwischenmenschlichen Zusammenlebens.

Wir werden sehen, ob die Psychoanalyse diesem dreifachen Aufklärungsauftrag heute noch gewachsen ist oder ob angesichts der Veränderungen von Lebenswelt und Seelenleben in der digitalen Moderne die eigene Modernisierung ansteht, um zu verstehen, was in der inneren und äußeren Wirklichkeit vor sich geht. Wer nur etwas von Musik versteht, versteht auch davon nichts! Das hat Hanns Eisler einmal gesagt, jener revolutionäre Komponist mit dem Faible für dialektische Wendungen, der mit Bertolt Brecht zusammen die »Dreigroschenoper« verfasste und mit Theodor W. Adorno zusammen »Komposition für den Film«. Was für die Musik gilt, gilt ebenso für die Psychoanalyse, die sich allzu lange in die hermetische Innenwelt ihrer Institutionen, in die Esoterik ihrer Theorien und in den Intimraum der klinischen Praxis eingesperrt hatte, bevor sie im Zuge ihrer intersubjektiven Wende den Anderen und damit die Welt »da draußen« wiederzuentdecken beginnt.

Inzwischen wissen wir, dass das Virtuelle keineswegs der Gegensatz zum Realen ist, sondern seinerseits »durch und durch real«, wie Alessandra Lemma und Luigi Caparotta (2016) in »Psychoanalyse im Cyberspace« schreiben (S. 28). In ihrem lesenswerten Sammelband begegnen die Autorinnen und Autoren ihrem Gegenstand vor allem empirisch und ohne die professionstypische Voreingenommenheit. Sind nicht auch Wünsche und Phantasien, Empfindungen und Gefühle, Hoffnungen und Erwartungen, Träume und Tagträume im strengen Sinne virtueller Natur, während sie zugleich der realen Welt angehören, wenn auch einer subjektiven? Der Cyberspace ist ein Möglichkeitsraum, der eben nicht nur der Flucht aus der Realität dient, sondern zugleich ein Teil von ihr ist.

Im digitalen Zeitalter wird die Polarisierung von realer und virtueller Welt obsolet. Der psychoanalytische Dualismus von Innen und Außen, von Selbst und Anderem, von Trieb und Gesellschaft gehört zum cartesianischen Erbe von Freud. Er hat sich überlebt und wird in der modernen Psychoanalyse von einem Denken in Vermittlungen,

Interaktionen und Relationen abgelöst. Um menschliche Verhaltensweisen, Gefühlsdynamiken und Beziehungsstörungen in ihrer Vielfalt zu verstehen, so Peter Fonagy in seinem klugen Vorwort zu Lemma und Caparotta (2016), haben sich sowohl das klassische Triebmodell als auch das postfreudianische Bindungsmodell als unterkomplex erwiesen. Um unsere gattungsgeschichtlich wie soziobiologisch angelegte Hinwendung zu anderen Menschen zu begreifen, braucht man ein komplexeres Kommunikationsmodell: Wir kommunizieren miteinander, um »etwas über das eigene Selbst zu erfahren« und »über die Beschaffenheit der Welt« (S. 10 f.). Deshalb sind Menschen »anfällig für das, was das Internet anzubieten hat: nämlich Aufmerksamkeit für die einzelne Person«. Angesichts dieser Anfälligkeit für die zeitgenössischen Medienangebote darf »Paranoia nicht die Antwort sein« (S. 15).

Um bessere Antworten auf die Komplexität der medialisierten Lebenswelt zu finden, müssen wir genau hinschauen, bevor wir werten oder gar abwerten; sorgfältig protokollieren, bevor wir interpretieren oder gar »wilde Deutungen« abgeben; hinreichend gut verstehen, bevor wir urteilen oder gar verurteilen.

»Ich werde gesehen, also bin ich!« So lautet die Formel intersubjektiver Identitätsbildung, die Donald Winnicott in seiner psychoanalytischen Arbeit mit Kindern entdeckt und die die empirische Säuglingsforschung bestätigt hat. Sie ist zugleich der kategorische Imperativ der Mediengesellschaft. Im vorliegenden Band untersuche ich im Einzelnen, wie die mediale Identitätsformel an ihr entwicklungspsychologisches Fundament andockt. Dieser Band nimmt zeitdiagnostische Überlegungen aus meinem Buch »Auf der Suche nach Resonanz. Wie sich das Seelenleben in der digitalen Moderne verändert« (Altmeyer, 2016) wieder auf, die ich inzwischen zu Zeitschriftenessays verarbeitet, in Vorträgen zur Diskussion gestellt und kontinuierlich weiterentwickelt habe.

Kapitel 1
Unterwegs im Cyberspace. Wohin treibt
die Internetgeneration?

Vorschau

Psychischer Zerfall; sozialer Niedergang; kultureller Abstieg; auf
medientechnologischen Schleichwegen in die Überwachungsgesellschaft, effektiver als in der DDR, gefährlicher als bei den Nazis – im
Katastrophendiskurs gibt es einen zeitdiagnostischen Überbietungs-
wettbewerb: Je schlimmer, desto besser! In der Kritik an der digitalen Moderne herrscht eine von Nostalgie durchzogene Endzeit-
stimmung, die auch im psychoanalytischen Mainstream gepflegt wird.
Dort trauert man um das autonome Subjekt, das in einer medialisierten Lebenswelt verloren gehe, um das unverwechselbare Individuum, das zum bloßen Knotenpunkt in den Netzwerken der modernen Kommunikationsgesellschaft werde, um das abgegrenzte Selbst,
das sich in einer fluiden Welt permanenter Selbstveränderung und
Selbsterfindung allmählich auflöse (vgl. Bohleber, 2006).
   Im Entsetzen über die digitale Mediengesellschaft gleichen die
apokalyptischen Reiter dem »Angelus Novus« von Paul Klee, jenem
Unheil verkündenden, von Walter Benjamin als Seher der Apokalypse
gedeuteten »Engel der Geschichte«:
   »Wo eine Kette von Begebenheiten vor uns erscheint, da sieht er
eine einzige Katastrophe, die unablässig Trümmer auf Trümmer häuft
und sie ihm vor die Füße schleudert. Er möchte wohl verweilen, die
Toten wecken und das Zerschlagene zusammenfügen. Aber ein Sturm
weht vom Paradiese her, der sich in seinen Flügeln verfangen hat
und so stark ist, dass der Engel sie nicht mehr schließen kann. Dieser Sturm treibt ihn unaufhaltsam in die Zukunft, der er den Rücken

kehrt, während der Trümmerhaufen vor ihm zum Himmel wächst. Das, was wir den Fortschritt nennen, ist dieser Sturm« (Benjamin, 1940/1974, S. 697 f.).

Der jüdische Geschichtsphilosoph und Kulturanalytiker, der auf der Flucht vor dem Nationalsozialismus an der Grenze zwischen Frankreich und Spanien Suizid beging, interpretiert den Angelus Novus als Herold des kommenden Faschismus, den Verkünder eines Zivilisationsbruchs ohnegleichen. In Klees Zeichnung, einem Schlüsselwerk der klassischen Moderne aus dem Jahr 1920, wendet der Engel sein Gesicht der Vergangenheit zu. Der angebliche Fortschritt ist in Wahrheit ein wachsender Trümmerhaufen, den ein Sturm aus dem verlorenen Paradies über die Gegenwart hinweg in die Zukunft treibt. Wiederholt sich die Geschichte? Droht heute schon wieder ein Rückfall in die Barbarei? Steuern wir blind in einen neuen, einen »technologischen Totalitarismus« (Schirrmacher, 2015)? Die Welt steht am Abgrund, wie uns eine entfesselte Modernekritik suggeriert. Doch dem rückwärtsgewandten Blick entgeht all das Neue, das doch erkennen und verstehen sollte, wer Zeitdiagnosen anbietet.

Was aber ist wirklich neu an der digitalen Moderne? Um diese Frage zu beantworten, sollten wir einigermaßen nüchtern bleiben, das nötige Erkenntnisinteresse aufbringen, jene von Freud empfohlene Haltung einnehmen, die uns bei der Arbeit auch mit schwer gestörten Patienten doch selbstverständlich, im modernekritischen Ressentiment aber abhandengekommen ist: eine gleichschwebende Aufmerksamkeit. Nur in dieser von Neugier und Wohlwollen begleiteten Grundeinstellung entdecken wir, dass es sich bei den Veränderungen im Seelenleben wie in der Lebenswelt, die uns wie ein Verfallspanorama erscheinen mögen, in Wahrheit um einen mentalen wie sozialen Modernisierungsprozess handelt, der psychoanalytischer Aufklärung bedarf – und der Selbstaufklärung einer Psychoanalyse, die sich ihrerseits modernisieren, die eigenen Gewissheiten überprüfen und neue Erkenntnisse aufnehmen muss, wenn sie verlorenes Terrain zurückgewinnen und als angewandte Sozial- und Kulturwissenschaft wieder Anerkennung finden will.

1.1 Die Welt am Abgrund: Endzeitstimmung in der gehobenen Modernekritik

Die digitale Moderne hat in gebildeten Kreisen einen schlechten Ruf. Dort hält man die neuen Medien für eine einzige Zumutung: Ausgerechnet die Heroen der alten Schriftmedien – Qualitätsjournalisten, Großschriftsteller, öffentliche Intellektuelle – beschreiben das Zeitalter des Internets als Epoche eines sozialen, kulturellen und seelischen Niedergangs.

»Alles geht in Trümmer!«, klagt die prominente Schriftstellerin, kluge Publizistin und scharfe Internetkritikerin Eva Menasse (2019) in ihrer Dankesrede bei der Verleihung des Ludwig-Börne-Preises 2019 in der Frankfurter Paulskirche. Das Kaminfeuer einer altvertrauten Öffentlichkeit, um das man sich früher versammelt habe, sei erloschen, erstickt durch die neuen Medien. Sehnsüchtig schaut sie auf die alte Medienwelt zurück, die im digitalen Rauschen allmählich verschwinde: »Tagesschau, Bild-Zeitung, die Samstagabend-Show und der Tatort, dazu die Feuilletons und die Radios. Wir hatten etwas gemeinsam, zumindest in diesem Land, zumindest in diesem Sprachraum, wir wussten so ungefähr voneinander und wie es uns ging«. Um am Ende ihres verzweifelten Abgesangs auf die Gegenwart von den »Klima-Kindern« zu schwärmen, »die Hoffnung, die wir noch haben«. Und dafür stehende Ovationen zu ernten bei derselben Paulskirchengemeinde, die sie gerade noch einer aussterbenden Spezies der Kulturträger zugerechnet hatte: »sozusagen als in Glas gegossene Insekten«. Haben die Preisträgerin und ihr betagtes Publikum schon vergessen oder wollen sie einfach nicht wissen, dass die jugendlichen Hoffnungsträger ihre allwöchentlichen Freitagsdemonstrationen über die Messenger-Dienste ihrer Smartphones im Raum der vermeintlichen Unkultur organisieren – online?

Immerhin hat die weltweite Schülerbewegung »Fridays for Future« mit der Skandalisierung des Klimawandels und ihrer vehementen Anklage gegen die Ignoranz und Inkompetenz der Politik für einen

Umschwung bei den Europawahlen 2019 gesorgt, die Wahlbeteiligung hochgetrieben, die Grünen gestärkt, die Links- und Rechtspopulisten in Schach gehalten und ein Umdenken bei den Volksparteien bewirkt. Auch die Highschool-Kids in den USA haben über die sozialen Netzwerke mobilisiert, um nach dem Schulmassaker von Parkland/Florida im Frühjahr 2018 für ihren »March For Our Lives« in Washington binnen weniger Wochen mehr als 800.000 Menschen auf die Straße zu bringen, für schärfere Waffenkontrollen demonstriert und die mächtige Waffenlobby in die Defensive gezwungen, wenn auch noch nicht in die Knie.

Per Smartphone halten die Flüchtlinge miteinander Kontakt und suchen sich ihren Weg nach Europa oder in die USA. Die Opposition in der Türkei verständigt sich über Twitter und WhatsApp, nachdem die autokratische Regierung Erdoğan Presse, Rundfunk und Fernsehen gleichgeschaltet hat. Die Dissidenten im kommunistischen China, die Demokratiebewegungen in Russland und anderen postkommunistischen Sowjetrepubliken, der Widerstand in asiatischen, afrikanischen und lateinamerikanischen Diktaturen – sie alle profitieren davon, dass es die neuen Medien gibt. Auch wenn auf der Gegenseite versucht wird, mit den gleichen Mitteln Kontrolle und Zensur auszuüben, das trübe Geschäft von Lüge und Täuschung, von Propaganda und Desinformation zu betreiben oder Trolle ihre Hass- und Gewaltbotschaften verbreiten zu lassen.

Doch das hindert die Modernekritiker nicht daran, die neue Medientechnologie zu dämonisieren. Als ob das Rad der Geschichte zurückzudrehen wäre, predigen sie digitale Enthaltsamkeit. Werft eure Handys weg! Kappt eure Internetzugänge! Meidet die sozialen Netzwerke! Alle Konten löschen! Desertiert aus der »Smarte[n] neue[n] Welt« (Morozow, 2013) – unter Bezug auf Aldous Huxleys »Schöne neue Welt« von 1932 (!) –, die geradewegs in die Kontroll- und Überwachungsgesellschaft führt! Im Würgegriff eines global agierenden Informationskapitalismus werde nicht bloß Freiheit, Selbstbestimmung und Demokratie erstickt, sondern auch die Seele vergiftet.

»Big Data« ist der neue Menschheitsfeind. Der »Große Bruder«, aus George Orwells Dystopie einer totalitären Gesellschaft (1949) ins 21. Jahrhundert übertragen, ist heute die »Datenkrake«. Sie steht für die großen Internetkonzerne. Unter deren reich gewordenen Erfinder- und Gründerpersönlichkeiten finden sich auffallend häufig US-Amerikaner jüdischer Herkunft: Bill Gates (Microsoft), Steve Jobs (Apple), Elon Musk (Tesla), Larry Page und Sergey Brin (Google), Ben Silbermann (Pinterest) und nicht zuletzt Mark Zuckerberg (Facebook): Die Juden sind eben überall und ziehen die Fäden. So lässt sich das antikapitalistische und antiamerikanische Ressentiment in der Kritik an der digitalen Moderne noch mit antisemitischen und globalisierungskritischen Affekten aufladen. Streben die profitgierigen »Geldjuden« in den Vorständen der Digitalindustrie wieder einmal nach Weltherrschaft? Stecken hinter dem international vagabundierenden Finanzkapital nicht ohnehin die »Rothschild-Banker« und »Soros-Spekulanten«? Sind die wurzel- und heimatlosen Juden nicht immer schon Symbolfiguren einer universalistischen Moderne gewesen, gehasst von den Nationalisten und Souveränisten in aller Welt?

In der jahrhundertealten Tradition des Antisemitismus wird der »ewige Jude« gerne als weltumschlingende, menschheitswürgende, blutsaugende Krake dämonisiert – eine antisemitische Bildersprache, wie sie nicht nur in der NSDAP-Zeitung »Der Stürmer«, sondern auch in globalisierungskritischen Szenen und selbst in liberalen Zeitungen zu finden ist. In einer digitalisierungskritischen, gegen Facebook gerichteten Karikatur wird die »Datenkrake« mit den verzerrten Gesichtszügen von Mark Zuckerberg ausgestattet: wulstige Unterlippe, überdimensionale Hakennase, Tentakel als Schläfenlocken (abgebildet in der Süddeutschen Zeitung vom 21. Februar 2014 und nach öffentlichen Protesten ausgetauscht durch eine entschärfte Fassung, bei der der Kopf von Zuckerberg entfernt und durch ein Smartphone ersetzt ist).

»Alle Konten löschen!«, verlangt Jaron Lanier (2013), vom Pionier der Cyberkultur zum Kronzeugen ihrer Kritiker konvertiert, weil er in den Sozialmedien inzwischen bloße Agenturen einer überaus raffinierten Verhaltensmanipulation der Werbeindustrie zu erkennen glaubt, gesteuert durch Algorithmen, die unser Innenleben angeblich besser kennen als wir selbst – dafür hat ihm der deutsche Buchhandel 2018 den Friedenspreis verliehen.

»Das Netz ist so ziemlich das größte Instrument zur Förderung von Narzissmus, das je gebaut wurde«, meint Jonathan Franzen (2015a), der seinen Roman »Unschuld« (2015b) um diese These herumgebaut hat – und in seinem Essayband »Das Ende vom Ende der Welt« (2019) sich selbst als einen Feuerwehrmann beschreibt, »dessen Aufgabe es ist, direkt in die Flammen der Schande hineinzulaufen, wenn alle anderen vor ihnen fliehen« (S. 23).

»Die nächste Revolution, die wir brauchen, um alle anderen anzustoßen, ist die, sich vom Internet zu befreien«, fordert die Schriftstellerin Zadie Smith (2019), die in der Social-Media-Welt »eine massive Ablenkung vom eigentlichen Leben« erkannt haben will – dafür wird sie in den Feuilletons der überregionalen Zeitungen gefeiert.

Doch es sieht so aus, als ob das Rad der Geschichte nicht anzuhalten ist und die Welt sich einfach weiterdreht. Die Kassandrarufe verhallen ungehört, die Warnungen und Mahnungen bleiben vergeblich. All die Appelle ändern nichts daran, dass ihre jugendlichen Adressaten, davon unbeeindruckt, weiterhin ihre Laptops auf- und zuklappen oder an ihren Smartphones hängen, ihre Nachrichten checken, vor sich hin twittern, chatten, mailen, bloggen, hashtaggen, posten, texten, googeln oder up- und downloaden, was das Zeug hält, ihre Facebook-Seiten füllen, auf Pinterest ihre eigenen Pinwände sortieren, auf Youtube ihre persönlichen Lieblingskanäle durchforsten, ihre WhatsApp-Mitteilungen austauschen, das nächste Selfie bei Instagram oder Snapchat ins Netz stellen oder das letzte Video per Mausklick verschicken – stets in der stillen Hoffnung auf viele Likes, Flames und Retweets, auf weitere Friends und Follower. Offenbar haben sie mehr Angst davor, übersehen als überwacht zu werden: Big Brother ist eigentlich Big Mother!

Das aber bestätigt nur den Pathologieverdacht der entsetzten Herolde des Unglücks. Gemeinsam schreibt man am Schwarzbuch der schönen neuen Medienwelt. Und die Psychoanalyse schreibt mit.

1.2 Im Griff des Todestriebs: Ein psychoanalytisches Kapitel im Schwarzbuch der Moderne

Die Kapitel, die von der Psychoanalyse zur angeblichen Psycho- und Soziopathologie der entwickelten Kommunikationsgesellschaft beigesteuert werden, sind besonders schwarz: Weit entfernt davon, mit der »leisen Stimme der Vernunft« (Freud) zu sprechen, befeuert man eher die apokalyptischen Phantasien mit eigenen Pathologiediagnosen.

Die Kapitelüberschriften lauten: Über die ständige Ausbreitung von Narzissmus, Exhibitionismus und Voyeurismus. Über die stetige Zunahme von Selbst-, Beziehungs- und Verhaltensstörungen. Über die Entsublimierung des Trieblebens, die Entstrukturierung der Psyche, die Enthemmung des Sozialverhaltens. Über den schleichenden Zerfall von persönlicher, sozialer und kultureller Identität. Über den dauernden Zwang zur Selbstoptimierung, zur beruflichen, körperlichen und seelischen Vervollkommnung (vgl. Streeck, 2016). Über die zunehmende Flucht aus der realen in die virtuelle Welt mit ihren epidemischen Suchtrisiken wie Spielsucht, Sexsucht, Kaufsucht, Selbstsucht oder Anerkennungssucht. Über die wachsende Entfremdung zwischen den Generationen und die fortschreitende Entsolidarisierung in einer Gesellschaft aus lauter Sozialmonaden.

So verteidigt die Psychoanalyse insgeheim das Selbstbild einer gesellschaftskritischen, einer »unzeitgemäßen Wissenschaft«, die Widerstand gegen den herrschenden Zeitgeist zu leisten hat. Eine empirische Überprüfung der Pathologiediagnose ist überflüssig, Gegenbefunde lassen sich ignorieren. Wenn repräsentative Studien eher für eine weltweite Verbesserung der seelischen Gesundheit im Zuge der Globalisierung sprechen, erfindet man eben neue Störungen, zum Beispiel »digitale Störungen«. »Digitale Störungen bei Kindern und Jugendlichen« nennt der psychoanalytische Psychotherapeut Jan van Loh (2018) sein Buch, in dem er psychische Krankheiten suggeriert, die irgendwie mit der Medienwelt zusammenhängen, ohne zu präzisieren, was mit solchen Störungen gemeint ist. Auch seine durchaus interessanten Fallvignetten aus der Behandlung von Kindern und Jugendlichen, die gerne ihr Handy benutzen oder Computerspiele lieben, geben keine Auskunft darüber, was der Begriff »digitale Störung« eigentlich bedeutet.

Stattdessen gibt van Loh der von der seriösen Wissenschaft bestrittenen These von der »digitalen Demenz«, mit der der Psychiater und Neurobiologe Manfred Spitzer (2012) bundesweit Aufmerksamkeit erzielt, einigen Raum. Spitzers empirisch eindeutig widerlegte Behauptung einer Zunahme von Gewalttätigkeit infolge zunehmender Gewaltdarstellungen im Fernsehen und in Computerspielen hält er »für einleuchtend und plausibel«, auch wenn sie »nicht mit den gesamtgesellschaftlichen Statistiken [korrelieren], in denen Gewalt insgesamt rückläufig ist« (van Loh, 2018, S. 47). Macht nichts, wenn die Empirie der eigenen Weltsicht widerspricht. Umso schlimmer für die Wirklichkeit. Hauptsache, ein Mitstreiter gegen die Übel der Mediengesellschaft ist gefunden: »Spitzers Bestrebungen, als politischer Berater der Verbreitung von Bildschirmmedien in (Grund-)Schulen entgegenzuwirken, kann ich dennoch ohne Abstriche zustimmen« (S. 49).

Über die Digitalisierung des Unterrichts lässt sich gewiss streiten. Aber mit einem medienkritischen Eiferer und Selbstdarsteller im Bunde? Der selbst in allen Medien unterwegs ist und eine eigene Fernsehserie über »Geist und Gehirn« auf dem ARD-Bildungskanal »alpha« betreibt: »Begleiten Sie den Neurobiologen Manfred Spitzer auf eine Reise in die Tiefen unseres Denkapparates!«? Sein Werbefeldzug in eigener Sache belegt jedenfalls, dass er selbst Produkt wie Profiteur jener entfesselten Mediengesellschaft ist, die er so entschieden angreift. In »Die Smartphone-Epidemie« (Spitzer, 2018), seinem inzwischen fünften Werk gegen die digitalen »Gefahren für Gesundheit, Bildung und Gesellschaft« (Untertitel), erfindet er nach der »digitalen Demenz« drei weitere seelische Erkrankungen, die »Smartphone-Denkstörung«, die »Smartphone-Depression« und die »Facebook-Depression«. Abgesehen von der klinischen Fragwürdigkeit solcher »Diagnosen« gibt Spitzer gelegentlich Einblick in sein eigenes Selbst- und Weltbild: das einer vom globalen Informationskapitalismus heillos verderbten Welt, vor der er Deutschlands Gehirne bewahren müsse:

»Unser Land der Dichter und Denker, der Tüftler und Autobauer, der Software- und Systementwickler hat nur einen Rohstoff: die Gehirne der nächsten Generation« (Spitzer, 2012, S. IX). »Wir dürfen nicht wegschauen und diese Entwicklung nicht einfach so weiterlaufen lassen. Denn damit liefern wir unsere nächste Generation den Profitinteressen von Firmen wie Apple, Google, Microsoft, Facebook und Amazon aus. Das ist verantwortungslos, denn kein Profit der Welt ist wichtiger als unser höchstes Gut: unsere Kinder!« (S. 135).

Während der modernekritische Neurobiologe auf die gefährdeten Gehirne schaut, schaut der modernekritische Psychoanalytiker auf die gefährdeten Seelen:»Psychoanalysis in the age of bewilderment: On the return of the repressed« (Bollas, 2015) – unter diesem Titel hält Christopher Bollas auf dem 49. Weltkongress der Internationalen Psychoanalytischen Vereinigung 2015 zum Generalthema »Changing World« einen der Hauptvorträge. Wie schon im Vortragstitel erkennbar, sieht Bollas mit der digitalen Moderne eine Ära der seelischen Verwilderung und Verwirrung aufziehen, die angeblich durch fünf Tendenzen gekennzeichnet ist:[1]

1) Durch den »Horizontalismus« der Informations- und Netzwerkgesellschaft gehe den Individuen die nötige Denk- und Gefühlstiefe verloren. Alles sei nur noch bezogen, ohne wirkliche Essenz: Ein gängiges Vorurteil über die angebliche Flachheit digitaler Kommunikation, das durch empirische Langzeitstudien längst widerlegt ist. Wie bereits seit der Erfindung von Buchdruck, Radio oder Fernsehen ergänzen die neuen Medien die alten, erweitern das bisherige Kommunikationsspektrum und verengen es nicht etwa.

---

[1] Christopher Bollas ist ein weltweit renommierter, auch von mir hoch geschätzter Psychoanalytiker. Seine Thesen hat er inzwischen zu einem Buch ausgeweitet: »Meaning and melancholia: Life in the age of bewilderment« (Bollas, 2018). Im Übrigen ist Bollas Verfasser großartiger Bücher über den Zusammenhang von Seelenleben und Lebenswelt (z. B. Bollas, 1987) und gilt als Pionier der psychoanalytischen Intersubjektivitätstheorie.

2) Mit der digitalen Tendenz zur »Homogenisierung« werde die Bedeutung von Differenz entwertet. Alle seien gleich, alles sei gleich wichtig: Übersehen wird ein durch die interaktiven Medien bewirkter Strukturwandel der Öffentlichkeit, der tatsächlich egalitäre Folgen hat. Denn nun wird auch bisher marginalisierten Gruppen ein Medienzugang ermöglicht, den diese auch nutzen, mit allen Folgen und Nebenwirkungen.

3) Die Jugend flüchte sich in eine Art »Pseudo-Debilität«, wofür die verkürzte Twitter-Sprache symptomatisch sei: Mit 140 oder 280 Zeichen könne man nichts Gehaltvolles mitteilen: ein naives Verständnis der digitalen Kommunikation, das statt auf empirischem Medienwissen und genauer Sprachanalyse auf einem Vorurteil beruht, wie es zu allen Zeiten eine älter werdende Generation gegenüber einer jüngeren hegte, die ihre eigene Sprache spricht und besser mit einer sich wandelnden Welt zurechtkommt.

4) Die Bewohner der neuen Medienwelt litten an »Sightophilia«: Eine grenzenlose Lust am Sehen und Gesehenwerden zersetze allmählich die Fähigkeit zur Selbstreflexion und Introspektion: Eine erstaunliche Blindheit, die den psychoanalytischen Medienkritiker an der Einsicht hindert, dass das Gesehenwerden zu den entwicklungspsychologisch frühesten und wichtigsten Resonanzerfahrungen gehört und identitätsstiftende Kraft besitzt, weit über Säuglingsalter, Kindheit und Pubertät hinaus.

5) Angesichts des sinkenden Bildungsniveaus jugendlicher Patienten, ihres restringierten Sprachcodes und ihrer eingeschränkten Fähigkeit zum Nachdenken, Zuhören und Argumentieren drohe ein »Subjektizid«. Diesem digitalen »Mord am Subjekt« müsse die Psychoanalyse wenigstens hinter der Couch Widerstand leisten, wenn sie ihn in der Wirklichkeit schon nicht verhindern könne: Hier enthüllt sich nicht nur eine Größenphantasie über die gesellschaftskritische Partisanenrolle der Psychoanalyse, sondern auch eine abgrundtiefe Verachtung gegenüber der digitalen Moderne und ihren Bewohnern »im Griff des Todestriebs« (Bollas).

In solchen psychoanalytisch verbrämten Unheilsdiagnosen äußert sich ein Kulturpessimismus, der gegenüber seinen erkennbar affekt-kontaminierten »Befunden« keinerlei Zweifel hat, von Selbstzweifeln ganz zu schweigen. Mit einer derartigen Attacke auf die Millennials verschärft man einen Generationenkonflikt in der Wahrnehmung, Beurteilung und Aneignung der gegenwärtigen Lebenswelt, statt ihn zu verstehen und aufzuklären. Aufklärung würde in diesem Fall jedoch zuallererst Selbstaufklärung bedeuten.

Warum sollte es beispielsweise nicht möglich sein, auf Twitter geistreiche Ein- oder Zweizeiler zu verfassen? Inzwischen gibt es junge Philosophen, die über dieses Medium der knappen Sprache höchst lebendige und anspruchsvolle Diskussionen miteinander führen, ohne ihre Texte zwischen Buchdeckel pressen zu müssen. Und darüber froh sind, weil so manchem Gedanken, der in dicken und teuren philosophischen Werken sonst ausgewalzt und schon deshalb wenig Leser und Leserinnen erreichen würde, der Zwang zur Kürze und Präzision guttut. Auf Youtube gibt es beispielsweise einen Kanal »Wisecrack«, auf dem Seinsfragen, Kunstwerke, Kino-filme oder Weltliteratur auf höchstem Niveau abgehandelt werden, gespickt mit Literaturverweisen, Erklärvideos und Zitaten – ein audiovisuelles Feuilleton, angenehm unakademisch, humorvoll, selbstironisch.

Auf »Thug Notes« streift der schwarze Comedian Greg Edwards als »Original Gangster Sparkey Sweets Ph. D.« rappend durch die literari-sche Welt, von Shakespeare bis Nabokov, von Faulkner bis Toni Mor-rison, von Cervantes bis Harper Lee, von Flaubert bis Stephen King, von Hemingway bis Jane Austen, von Kafka bis Camus. Die jungen Internetautoren und -autorinnen recherchieren, filmen, gestalten und erklären auf hohem intellektuellen Niveau: Evan Puschak stellt als *Nerdwriter* einmal pro Woche einen Video-Essay ins Netz. Kristian Williams alias *Kaptainkristian* klärt auf über Poesie, Filme und Pop-kultur. Lindsay Ellis diskutiert als sie selbst die poststrukturalistische These vom »Tod des Autors« mit Hilfe der Kritischen Theorie. »Hier wird Feuilleton performt: Youtuber als neue Wissensvermittler«, schreibt Caroline Jebens (in einem Beitrag für die FAS vom 16. Juni 2019), die ebenfalls Kluges im Netz publiziert.

In seiner zeitdiagnostischen Radikalkritik an der modernen Mediengesellschaft interessiert sich Bollas für solche Details nicht, weder für die Inhalte noch für die Darsteller noch für die Abonnenten digitaler Kulturkanäle, deren Zahl jeweils im mehrfachen Millionenbereich liegt. Sein Plenarvortrag wird von den meist älteren Zuhörenden im Publikum beklatscht, von einigen jüngeren zurückgewiesen, die stolz auf die Karrieren ihrer eigenen Kinder und Enkel im Silicon-Valley oder in der digitalen Musikindustrie verweisen. In einem Co-Referat wird Bollas' Gesellschaftskritik antikapitalistisch gewendet und auf das Generationenverhältnis ausgedehnt; ein neoliberaler Turbokapitalismus, so der Deutsche Martin Teising (2015), zerstöre die Bindung zwischen den Generationen, weswegen die Jüngeren auf ihre pflegebedürftigen Eltern mit zynischen Sätzen wie diesem reagierten: »Ihr habt das ganze Leben lang für uns gesorgt; nun, wo ihr alt seid, könnt ihr endlich für euch selbst sorgen!«[2]

Dieser angeblich generationstypische Satz, wenn er denn wirklich gefallen und nicht frei erfunden ist, gehört jedenfalls zu den Fake News, zu den »alternativen Fakten« einer psychoanalytischen Zeitdiagnostik, die sich hüten sollte, populistische Vorurteile zu bestätigen. Repräsentative Studien belegen das Gegenteil dessen, was Teising unterstellt: Erwachsene Kinder kümmern sich heute wieder verstärkt um ihre alt gewordenen Eltern. Solche Befunde passen einfach nicht zum üblichen Jugend-Bashing, das auch in den klassischen Medien betrieben wird. Als beispielsweise die »Welt am Sonntag« (vom 8. Oktober 2017) ausnahmsweise über die positiven Ergebnisse von Jugendstudien sachgemäß berichtet, tut sie das mit einem ironischen Unterton: »Teenager heute sind auffällig vernünftig, trinken wenig und verstehen sich mit ihren Eltern. Kann das gut gehen?«

---

2   Teising war damals Präsident der privaten Internationalen Psychoanalytischen Universität (IPU) in Berlin.

1.3 Auf dem Boden der Wirklichkeit:
Die heutige Jugend ist besser als ihr Ruf

Empirisch gibt es gute Gründe für zeitdiagnostische Zuversicht: Jugend-
liche zwischen 12 und 25 Jahren sind mehrheitlich durch eine zukunfts-
optimistische, abweichungstolerante, selbstkritische, risikofreudige, ver-
änderungsbereite, umweltbewusste, kosmopolitisch ausgerichtete, an
Politik und am Weltgeschehen zunehmend interessierte und ihren Eltern
gegenüber ausgesprochen wohlwollende und fürsorgliche Einstellung ge-
kennzeichnet – so das Fazit der 17. Shell-Jugendstudie (Albert, Hurrel-
mann, Quenzel u. TNS Infratest Sozialforschung, 2015).

Übereinstimmenden Befunden repräsentativer Jugendstudien zufolge
ist das Verhältnis zwischen den Generationen in modernen Kommunikationsgesellschaften seit drei Jahrzehnten sehr viel entspannter,
konfliktfreier und einfühlsamer im Vergleich zu früher geworden.
Für Deutschland wird dieser eindeutige Trend zur Entschärfung des
Generationenkonflikts in den periodisch fortgeschriebenen Shell-
Jugendstudien, von unabhängigen Forschungseinrichtungen durch-
geführt, seit 1953 dokumentiert (im Internet frei zugänglich für jeden
Interessierten). Abbildung 1 zeigt eine Auswahl verblüffender Ergeb-

Shell-Jugendstudie 2015 (12–25 J.): „Eine
pragmatische Generation im Aufbruch"

Entschärfung des Generationenkonflikts /
Kosmopolitismus der Jugend

☆Über neunzig Prozent der befragten Jungen und
Mädchen pflegen heute ein gutes Verhältnis zu
ihren Eltern.
☆Fast drei Viertel würden ihre Kinder in ähnlicher
Weise erziehen, wie sie selbst erzogen worden
sind.
☆Die junge Generation hat „mehr Angst vor Frem-
denfeindlichkeit (48%) als vor Zuwanderung (29%)"

Abbildung 1: Generationenverhältnis

nisse aus der letzten, der 17. dieser Studien, die unter der Überschrift »Eine pragmatische Generation im Aufbruch« 2015 erschienen ist (die 18. erscheint im Herbst 2019).

Eine Bestätigung für den Trend zu Liberalität und Weltoffenheit liefern bestimmte Parteipräferenzen bei der sogenannten »Juniorwahl« zum Bundestag 2017, einer virtuellen Abstimmung von Jugendlichen unter 18 Jahren: Doppelt so viele Stimmen für die Grünen, halb so viele für die AfD. Bestätigt wird dieser Trend durch das Abstimmungsverhalten bei den jüngsten Wahlen zum Europaparlament im Mai 2019: Gerade unter den Erstwählerinnen und -wählern gibt es eine deutliche Mehrheit für Umweltparteien, eine Mehrheit, die in Deutschland darüber hinaus noch bis zu den Sechzigjährigen reicht.

Zwei weitere Einzelbefunde aus der Shell-Studie, die den Gesellschaftskritiker in uns überraschen mögen. Der eine widerspricht dem gängigen Vorurteil von der zunehmend materialistischen Jugend; das Gegenteil ist der Fall: zunehmende Werteorientierung. Der andere widerlegt die Behauptung von der zukunftsängstlichen Jugend: wachsender Zukunftsoptimismus (abgesehen von Jugendlichen aus sozialen Randgruppen).

Auch die Befunde zum Umgang der Jugendlichen mit den neuen Medien sind alles andere als alarmierend: Oft genug kritisch gegenüber der Medienwelt, bewegen sie sich darin dennoch wie die Fische im Wasser: selbstverständlich. Insbesondere die Sozialmedien werden aktiv und zu eigenen Zwecken benutzt: als Börsen, Chaträume und Plattformen; für Selbstdarstellung; für Ernährungsberatung; für Schönheitstipps; für ökologische, kulturelle oder politische Aktivitäten; für Verabredungen.

Aber was ist mit den sogenannten »Influencern«, jenen Marionetten der Werbeindustrie, die uns manipulieren und für Einkäufe, die wir nicht brauchen, das Geld aus der Tasche ziehen sollen? In der Tat haben die jungen Influencer das Internet als Geschäftsmodell entdeckt, womit sie narzisstischen mit finanziellem Gewinn auf einträgliche Weise verbinden. Manche sind reich geworden damit, die Youtube-Millionäre, andere bleiben arm und bilden das Digitalprekariat.

Das hängt im Wesentlichen von der Zahl der Abonnenten, der Aufrufe, der Clicks ab, also von der Reichweite ihrer Auftritte. Diese entscheidet darüber, wie viel Honorar sie bekommen und ob man unbekannt bleibt oder berühmt wird: Berühmt ist, wer erkannt wird! Zu den berühmten Influencern zählen zum Beispiel die beiden jungen Deutschen Bianca »Bibi« Heinicke mit 4,5 Millionen Abonnenten ihres Youtube-Kanals »BibisBeautyPalace« und Simon Unge mit 2 Millionen Abonnenten seiner Alltagsvideos auf dem Youtube-Kanal »ungespielt«.

Der »Bundesverband Influencer Marketing e. V.« schätzt, dass in Deutschland 30.000 Influencer haupt- oder nebenberuflich tätig sind, die selbstproduzierte Posts, Fotos oder Videos auf eigenen Kanälen über bestimmte Portale ins Netz stellen. Dabei machen sie Werbung für Produkte, die ihnen persönlich gefallen, zumindest tun sie so. Ihr Geld verdienen sie durch die Beteiligung am Werbeumsatz der Portale. Youtube zum Beispiel zahlt den Kanalbetreibern (Creators) laut eigenen Angaben 55 Prozent, die über das eigene Youtube-Partnerportal ausgeschüttet werden. 1 Euro für 1.000 Videoaufrufe, rechnet man. Wer gut verhandelt, bekommt mehr. »Bibi« verdient laut Manager-Magazin mehr als 100.000 Euro pro Monat, einschließlich der Direktzahlungen von Firmen, deren Produkte sie bewirbt. Auch der geschäftstüchtige Simon Unge ist als Youtuber reich geworden und sendet inzwischen von seinem Haus auf Madeira selbstironische Videoclips: »Ich habe drei Bildschirme, und das sind mehr, als ich Freunde habe.«

Andere engagieren sich politisch und werden damit zu Stars in den sozialen Netzwerken. Mit seinem 55-Minuten-Video »Die Zerstörung der CDU« erzielt der Pfarrerssohn Rezo auf Youtube mehr als 15 Millionen Aufrufe (Stand: Juli 2019). Für sein Kunstwerk hat er eine Fülle von wissenschaftlichem Material aufbereitet, präsentiert Statistiken, zitiert aus Interviews, belegt seine Thesen. Grandios. Er wird von »Spiegel« und »Stern« porträtiert (jeweils mit Titelfoto), plaudert mit Jan Böhmermann (bei Neo Magazin Royale) und beeinflusst mit seinem Eintreten für konsequenten Klimaschutz und eine sachkompetente

Politik das Wahlverhalten nicht nur der Jugend. Mehr als 90 deutsche Youtuber haben seinen Aufruf, bei den Europawahlen weder CDU noch SPD und auch nicht AfD zu wählen, mit einem »offenen Brief« in Form eines eigenen Videos unterstützt, inzwischen mit über 2 Millionen Aufrufen (Stand: Juli 2019). Während die angegriffene CDU, die zwischen Vorwärtsverteidigung und Zerknirschtheit schwankt, ein schon produziertes Gegenvideo zurückzieht und über illegitime Wahlbeeinflussung klagt (nur Angela Merkel bleibt gelassen).

Greta Thunberg ist mit den von ihr über die sozialen Netzwerke initiierten und organisierten »Schulstreiks für das Klima«, inzwischen »Fridays for Future«, weltweit bekannt geworden. Sie gilt als junge Repräsentantin der globalen Klimaschutzbewegung, mit Auftritten im Bundestag, vor der UNO, bei Großdemonstrationen. Vom US-amerikanischen Magazin »Time« ist sie 2018 in die Liste der 25 einflussreichsten Teenager des Jahres, 2019 in die Liste der 100 einflussreichsten Persönlichkeiten des Jahres aufgenommen worden. Persönlich vertritt sie (zusammen mit ihrer Familie) einen moralisch bedingungslosen Umwelt- und Naturschutz für die bedrohte Biosphäre und um den eigenen ökologischen Fußabdruck gering zu halten u. a. vegane Ernährung, keine Flugreisen.

Die gegenwärtigen Veränderungen von Seelenleben und Lebenswelt kann man selbstverständlich als Verfallsprozess verstehen, den wir wenigstens kritisch zu interpretieren und kommentieren haben, wenn er sich schon nicht mehr aufhalten lässt. Man kann die gleichen Veränderungen aber auch als Modernisierungsprozess verstehen, den wir nüchtern zu untersuchen haben. Ob wir uns für die eine oder die andere Variante entscheiden, hängt nicht nur von den Tatsachen im komplexen, schwer zu beackernden Feld der Psycho- und Soziodynamik ab, sondern auch von unserer persönlichen Einstellung, unserer eigenen Beziehung zu den Veränderungen, in die sich Idealisierung oder Entwertung eingeschlichen haben mag.

Deshalb schlage ich vor, zunächst einfache Fragen wie diese zu stellen: Worin besteht eigentlich die unbestreitbare Anziehungskraft der interaktiven Medien? Wie gelingt es den Individuen, sich die zeitgenössische Medienwelt sozial, kulturell und psychisch anzueignen? Und was verrät uns die Art dieser Aneignung womöglich über die Natur des Seelenlebens und dessen Veränderungen? Im Kern sind es Fragen nach dem Neuen, dem Unvertrauten, Ungewohnten, Unverstandenen und gerade deshalb so Befremdlichen. Worin liegt also das wirklich Neue in der neuen Medienwelt, das Unbekannte und noch zu Erforschende im Treiben der Internetgeneration?

1.4 Identitätsspiele mit Kamera: Neue Formeln der Selbstvergewisserung

Wenn wir die Zeichen der Zeit anders lesen und Veränderungen in Seelenleben und Lebenswelt erforschen, statt sie unter einer Verfallsperspektive zu betrachten, entdecken wir etwas Neues in der Mediengesellschaft: eine mediale Identitätsformel, die an eine entwicklungspsychologische Identitätsformel andocken kann: Ich werde gesehen – also bin ich!

Die mit der digitalen Moderne verbundenen Strukturumbrüche in der Lebenswelt und im Seelenleben haben in der Realität etwas freigelegt, das die modernen Humanwissenschaften längst erkannt haben und worüber dort weitgehend Konsens besteht: Was wir unsere Subjektivität oder Persönlichkeit, unser Selbst oder unsere Identität nennen, entwickelt sich nicht wie der Apfel aus dem Kern. Umweltresonanz ist eine entscheidende Entwicklungsbedingung der frühen Kindheit, und der Säugling verfällt in Apathie, wenn er keine mimischen, gestischen oder sprachlichen Antworten von seiner Mutter erhält (Tronick et al., 1975/2007). Nur vermittelt über Umweltresonanz erwerben wir Identität. Erst im Austausch mit anderen Menschen entsteht unser Selbst. Subjektivität geht einher mit Intersubjektivität.

Für diese Erkenntnis brauchte die Moderne einige Jahrhunderte. Descartes hoffte noch, den existenziellen Zweifel durch die Bewegung einsamer Selbstvergewisserung bewusstseinsphilosophisch zu beruhigen: Ich denke – also bin ich! Dabei ging er von der klassischen

Trennung zwischen psychischer und äußerer Wirklichkeit aus, dem Dualismus von »res cogitans«, dem denkenden Ich, und »res extensa«, der materiellen Welt. Das Zentrum des neuronalen Selbst vermutete er in der Zirbeldrüse, einem Teil des Zwischenhirns.

Aber die Neurobiologie der folgenden Jahrhunderte, die diesen Homunkulus im Kopf lokalisieren wollte, konnte ihn dort nicht finden, weil es ihn gar nicht gibt. Denn in der dezentralen Architektur des Gehirns ist kein Platz für ein solches Zentrum. Heute nimmt man an, dass das Gefühl des eigenen Selbst als Metarepräsentation eines frühen Dialogs zwischen Kind und Umwelt im impliziten Gedächtnis verankert wird – so Wolf Singer (2002) in »Der Beobachter im Gehirn«: Aus dem Du der Mutter wird das Ich des Kindes! »Der Dialog, der den Individuierungsprozess erst möglich macht, vollzieht sich bereits in der frühen Kindheit […]. Dieser frühe Dialog zwischen Bezugsperson und Kind vermittelt diesem in sehr prägnanter und asymmetrischer Weise die Erfahrung, offenbar ein autonomes, frei agierendes, verantwortliches Selbst zu sein« (Singer, 2002, S. 74).

Ganz ähnlich argumentiert Jürgen Habermas (2005, S. 18 f.) in seiner Sozialphilosophie der Intersubjektivität gegen den Naturalismus: »Der einzelne Mensch tritt seiner sozialen Umgebung nicht so gegenüber wie der bloße Organismus der natürlichen Umwelt – als ein Inneres, das sich osmotisch von der Außenwelt abgrenzt. Das abstrakte Gegenüber von Subjekt und Objekt, Innen und Außen täuscht, weil sich der Organismus des Neugeborenen erst mit der Aufnahme sozialer Interaktionen zum Menschen bildet. […] Werden wir uns nicht erst in den Blicken, die ein Anderer auf uns wirft, unserer selbst bewusst? In den Blicken des Du, einer zweiten Person, die mit mir als einer ersten Person spricht, werde ich meiner nicht nur als eines erlebenden Subjekts überhaupt, sondern zugleich als eines individuellen Ichs bewusst. Die subjektivierenden Blicke des Anderen haben eine individuierende Kraft«.

Und schließlich klärt uns Donald Winnicott in seinen kinderpsychoanalytischen Arbeiten darüber auf, dass es »den Säugling nicht gibt« – ohne eine Mutter, die ihn hält und ihm eine erste Ahnung davon vermittelt, wer er ist: »Ich bekomme (wie ein im Spiegel gesehenes Gesicht) den Beweis zurück, den ich brauche, dass ich als Wesen erkannt worden bin« (Winnicott, 1965/1974, S. 79).

»In der Entwicklung des Kindes ist das Gesicht der Mutter der Vorläufer des Spiegels. […] Was erblickt das Kind, das der Mutter ins Gesicht schaut? Ich vermute, im allgemeinen das, was es in sich selbst erblickt. Mit anderen Worten: Die Mutter schaut das Kind an, und wie sie schaut, hängt davon ab, was sie selbst erblickt« (Winnicott, 1971/1995, S. 128 f.). »Wenn ich sehe und gesehen werde, so bin ich« (S. 131).

Winnicotts entwicklungspsychologische Identitätsformel bindet die Entwicklung des werdenden Selbst an frühkindliche Resonanzerfahrungen, zu denen Erfahrungen des Gespiegelt-, Gehört-, Beachtet-, Anerkannt- und auch Geliebtwerdens gehören. Sie werden im impliziten Gedächtnis gespeichert, im Verlauf der weiteren Entwicklung des Kindes über die Pubertät und Adoleszenz hinaus angereichert und für die Persönlichkeitsbildung verwendet. An diese im Unbewussten aufbewahrten Erfahrungen von Umweltresonanz dockt die mediale Identitätsformel an. Denn sie hat dieselbe, nämlich eine reflexive Beziehungsstruktur: »Ich werde gesehen – also bin ich!«

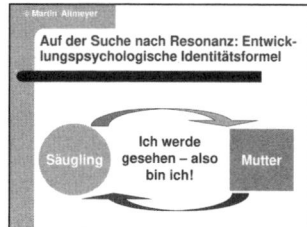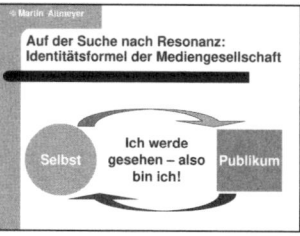

Abbildung 2: Entwicklungspsychologische und mediengesellschaftliche Identitätsformel

Wegen dieser Strukturähnlichkeit, das ist meine zentrale These, gibt es Anschlussmöglichkeiten. Auf der einen Seite die unbewussten, auf reflexivem Weg erworbenen und im impliziten Gedächtnis gespeicherten Resonanzerfahrungen der frühen Kindheit, die aus der Interaktion mit den primären Bezugspersonen stammen. Auf der anderen Seite potenzielle Resonanzerfahrungen, die in der Welt der interaktiven Medien locken und nur darauf warten, gemacht zu werden. Die zeittypische Suche nach Resonanz dokumentiert den Prozess dieses Andockens (siehe Abbildung 3).

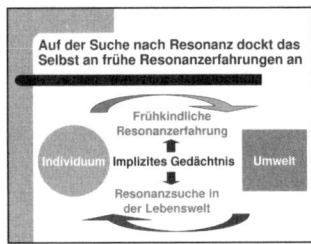 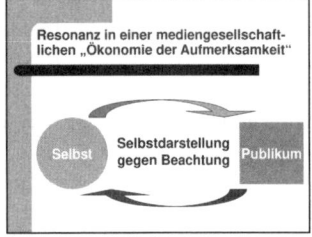

Abbildung 3: Entwicklungspsychologische und mediengesellschaftliche Resonanzerfahrungen

Dabei geht es der »exzentrischen Psyche« (Altmeyer, 2013) nicht um die Befriedigung von Triebwünschen. Der neue Sozialcharakter hat ganz andere Sorgen: Vieles spricht dafür, dass in den hoch entwickelten Kommunikationsgesellschaften des Westens nicht mehr Sexualität, sondern Identität das seelische Hauptproblem ist. Das Selbstverhältnis der Individuen ist problematisch geworden – so lautet der gemeinsame Kernbefund psychoanalytischer, entwicklungspsychologischer, sozialwissenschaftlicher, sexualmedizinischer und familiensoziologischer Zeitdiagnosen. Verbindlicher Normbestände, vorgegebener Lebenswege und einspuriger Berufsbiografien beraubt, stellen sich die Angehörigen der jüngeren Generation zunehmend die Frage: Wer bin ich eigentlich und wer will ich sein? Was soll ich tun? Wie will ich leben? Es scheint so, als ob das reflexive Potenzial der Moderne als Selbstreflexivität auf der Ebene der Subjekte angelangt ist – und damit auch bei der Psychoanalyse.

Denn zur Erforschung der gegenwärtig vorherrschenden Identitätsstörungen – narzisstische Störungen, Selbstwertstörungen, Bor-

derline-Störungen, »frühe Störungen« – ist das klassische Triebparadigma ungeeignet, weil es die unbewussten Appelle an die Welt
verfehlt, die in den neuen Störungsmustern verborgen sind. Es sind
suggestive Botschaften an den Anderen, der statt als Objekt sexuellen Begehrens eher als Spiegel des Selbst gebraucht wird: Schau mich
an, höre mir zu, beachte mich, bewundere mich, liebe mich, erkenne
mich an! Oder: Wenn du meine Erwartungen enttäuschst, greife ich
dich an! Oder aber: Mit einer Welt, die mich nicht sieht, will ich nichts
zu tun haben! Ich ziehe mich zurück oder zerstöre sie! Um zwischenmenschliche Botschaften dieser Qualität zu verstehen, brauchen wir
ein Paradigma, das der Intersubjektivität des menschlichen Seelenlebens gerecht wird.

Hier liegen die Gründe dafür, dass die psychoanalytische Identität ihrerseits brüchig geworden ist und ein Paradigmenwechsel stattgefunden hat. Erst die Modernisierung der Psychoanalyse im Zuge
ihrer relationalen oder intersubjektiven Wende liefert theoretische
Kategorien, mit deren Hilfe wir ein psychodynamisches Verständnis
der Mediengesellschaft auf der Höhe der Zeit neu entwickeln können.

Kapitel 2
Die vernetzte Seele. Grundzüge einer modernen Psychoanalyse

Vorschau

Nach Freuds Tod war die Psychoanalyse in konkurrierende Glaubensschulen zerfallen. Mit der Folge einer Überfülle, Überkomplexität und Überspezifizierung von untervalidierten Konzepten. Bei gleichzeitigem Mangel an einer schulenübergreifend anerkannten Kerntheorie, die sich durch die zwanglose Logik guter Forschung von Generation zu Generation systematisch hätte anreichern und durch die kumulative Integration von neuem Wissen empirisch hätte validieren lassen (vgl. Wallerstein, 1990). Zunehmend verlor die »Wissenschaft vom Unbewussten« an akademischer, klinischer und gesellschaftlicher Anerkennung. Daran änderte auch ihr Höhenflug im Sog der antiautoritären Bewegung nichts, die sich im Lauf ihrer folgenreichen Kulturrevolution in den 1970er Jahren neben marxistischem auch psychoanalytisches Wissen angeeignet hatte. Die anhaltende Identitätskrise der Psychoanalyse brachte der aus der 68er-Generation stammende Soziologe, Sexualwissenschaftler und Psychoanalytiker Reimut Reiche (1995) auf eine griffige Formel: »Die Patienten wollen das Medikament nicht mehr, die Wissenschaften wollen die Wahrheit nicht mehr, und die Öffentlichkeit will die Aufklärung nicht mehr, die wir ihnen anzubieten haben und von denen wir gewohnt waren, dass wir sie nicht anbieten müssen, sondern dass man nach ihnen verlangt wie nach einem kostbaren Gut, das wir nur zögernd aus der Hand geben« (S. 229).

Die Antwort auf die Krise war der »relational turn« oder die »intersubjektive Wende« (vgl. Altmeyer u. Thomä, 2006/2016). Vom angloamerikanischen Raum ausgehend stieß dieser psychoanalytische Modernisierungsprozess im deutschsprachigen Raum jedoch auf den erheblichen Widerstand einer Orthodoxie, die darin Abweichung vom Glauben, Verrat an Freud oder Anpassung an den Zeitgeist witterte. Denn der Wechsel vom Triebparadigma zum Paradigma der Intersubjektivität revolutionierte Theorie und Praxis der Psychoanalyse. Nun sah man sich genötigt, die Vorstellungen eines gegenüber der Realität abgegrenzten »psychischen Apparats« oder eines vom Anderen »isolierten Selbst« aufzugeben, das Triebmodell des Seelenlebens durch ein Beziehungsmodell zu ersetzen und sich von der entwicklungspsychologischen Ursprungsannahme eines primären Narzissmus zu lösen, die von der Säuglingsforschung empirisch längst widerlegt worden war. In der Konsequenz dieser paradigmatischen Wende musste man auch noch die Rollendefinition des objektiven und neutralen, aber wissenden, weil mit einer überlegenen Theorie ausgestatteten Beobachters aufgeben, die subjektive Beteiligung am analytischen Prozess zugestehen und sich die Deutungsmacht in der Beziehung zum Patienten mit diesem teilen.

Andererseits erlaubte dieser Paradigmenwechsel erst, jene Verschränkungen von seelischer Innen- und sozialer Außenwelt zu untersuchen, die in den Nachbardisziplinen seit Langem bereits Gegenstand wissenschaftlicher Interaktionsforschung waren. Das Unbewusste, nach klassischer Vorstellung in den triebhaften Tiefenschichten des Seelenlebens verborgen, entdeckte man an den Oberflächen der modernen Lebenswelt. Und im scheinbar nur selbstbezogenen Narzissmus erkannte man die stille Hoffnung, dass da eine virtueller Anderer ist, der einen beachtet, ein Publikum, das zuschaut und zuhört, eine soziale Umwelt, die das Resonanzverlangen des Selbst befriedigt. Mit dieser überfälligen Korrektur der eigenen Grundannahmen ließ sich auch eine angewandte Psychoanalyse wiederbeleben, die in den Fängen von Triebpsychologie und Monadentheorie ausgelaugt und ermattet war. Ausgerechnet die interaktiven Medien, die im Verachtungsdiskurs des psychoanalytischen Mainstreams immer noch als kulturell minderwertig, sozial schädlich und psychisch gefährlich gelten, lassen sich nun mit anderen Augen betrachten: Können wir im Internet ein universelles Resonanzsystem entdecken, auch im Sinne einer »Tiefenresonanz« (Taylor, 1989, 2007; Rosa, 2016)? Zeigen die sozialen Netzwerke nicht etwas von der zwischenmenschlichen Natur der menschlichen Psyche? Werden wir unseren Patientinnen und Patienten gerecht, wenn wir ihre Resonanzhoffnungen ignorieren?

2.1 Vom Trieb zur Beziehung: Die Psyche als soziale Netzwerkerin

Mit erheblicher Verspätung unterzieht sich die zeitgenössische Psychoanalyse gerade einem Modernisierungsprozess, der in den Nachbardisziplinen längst stattgefunden hat: die Wende von einer überholten Monadentheorie zu einer Theorie der Bezogenheit, einer relationalen Auffassung vom Seelenleben, einem Denken in zwischenmenschlichen Beziehungen.

Die klassische Psychoanalyse begreift den Menschen als Einzelwesen, das sich nach seiner Geburt nur zögernd und widerwillig seiner Umgebung zuwendet, bei Gefahr immer bereit zum sofortigen Rückzug. Eigentlich würde der Säugling am liebsten für sich bleiben und sich seinen Phantasien überlassen. Sein Narzissmus ist primär, das Bedürfnis nach Beziehung sekundär. Der Welt der sogenannten Objekte – Freuds Bezeichnung für Bezugspersonen und andere Menschen – wendet sich das Subjekt nur aus Triebnot zu. Der Andere ist bloßes Objekt des Triebs, als Subjekt zählt er nicht. Im Triebmodell des Seelenlebens erscheint das Selbst als eine Art Triebtäter, der den Anderen zum austauschbaren Gegenstand seiner Lustbefriedigung macht. Unter der Herrschaft egoistischer Triebstrebungen betreibt ein »seelischer Apparat« sein intrapsychisches Energiemanagement und moderiert die unvermeidlichen Strukturkonflikte zwischen seinen Instanzen Es, Ich und Über-Ich. Das tut er mit einem begehrlichen

Seitenblick auf die soziale Welt, die ihm schließlich die Objekte seines Begehrens liefert und ihn dazu zwingt, das Lust- mit dem Realitätsprinzip in Einklang bringen.

In »Zur Einführung des Narzissmus« wählt Freud (1914) den Vergleich mit dem Protoplasmatier, das seine Fühler ausstreckt und bei Gefahr wieder einzieht. Das Objekt, so Freud (1915) in »Triebe und Triebschicksale«, sei »das variabelste am Triebe«, austauschbar und allein in seiner Funktion von Belang: »dasjenige, an welchem oder durch welches der Trieb sein Ziel erreichen kann« (S. 215). Allerdings bestünde eine »Nötigung für das Seelenleben [...], über die Grenzen des Narzissmus hinauszugehen und die Libido auf Objekte zu setzen«, sonst drohe ein folgenreicher Libidostau im Ich. Zwar bewahre »ein starker Egoismus« den Einzelnen vor seelischer Erkrankung, doch »endlich« brauche er die Liebe zu einem Anderen, »um nicht krank zu werden«, und er werde krank, wenn er »nicht lieben kann« (S. 151). Angelehnt an die Neurophysiologie seiner Zeit postuliert Freud in »Jenseits des Lustprinzips« (1920) einen im Körper lokalisierten »seelischen Apparat« (S. 35) mit der Aufgabe, »die in ihm vorhandene Quantität von Erregung möglichst niedrig oder wenigstens konstant zu halten« (S. 5) und dafür zu sorgen, dass »Unlust einer Steigerung, Lust einer Verringerung dieser Quantität entspricht« (S. 4).

Die Nähe der psychoanalytischen Triebtheorie zum Darwinismus, der heute in Gestalt einer neodarwinistischen Theorie vom »egoistischen Gen« auftritt, ist schwer zu übersehen: Das gesamte Sozialleben wird auf den Drang zur Selbsterhaltung und Triebbefriedigung zurückgeführt, die Beziehung zu anderen Menschen auf ihre funktionale Bedeutung reduziert. Allerdings verliert diese Monadentheorie, die aus der Abgrenzung des physischen Körpers auf eine abgegrenzte Psyche schließt, in den Humanwissenschaften gerade ihre scheinbare Evidenz (Davidson, 2001; Damasio, 2004).

Die moderne Neurobiologie postuliert inzwischen ein »kooperatives Gen« (Bauer, 2008). In der Netzwerkarchitektur des Gehirns hat sie ein System von »Spiegelneuronen« entdeckt (Bauer, 2005), das für zwischenmenschliche Fähigkeiten zuständig ist und etwa in Situationen aktiviert wird, bei denen wir uns in andere einfühlen, uns mit ihnen identifizieren oder auch von ihnen abgrenzen. Wenn wir eine Handlung beobachten, verhält sich unser Nervensystem (bis in die Muskelenervationen hinein) so, als ob wir selbst diese Handlung durchführen würden – ein Tanz aktiviert beim Zuschauer die gleichen Hirnareale wie beim Tänzer.

Die empirische Säuglingsforschung hat eindrücklich nachgewiesen, dass der psychische Ursprungszustand nicht der primäre Narzissmus ist, sondern primäre Intersubjektivität (Trevarthen, 1979). Bereits in den frühesten Stadien des Lebens ist der Mensch ein Beziehungswesen. Das werdende Selbst entwickelt sich im Modus der Bezogenheit, im regen Austausch mit seiner sozialen Umwelt: Nicht Triebschicksale, sondern Beziehungsschicksale entscheiden darüber, in welcher Weise Menschen ihre Persönlichkeit entwickeln, ihr Sozialleben gestalten, ihr Selbst- und ihr Weltbild ausbilden – und letztlich auch darüber, ob sie seelisch gesund bleiben oder erkranken.

Allzu lange hat die Psychoanalyse an der Freud'schen Triebtheorie als ihrem Identitätsanker festgehalten und lediglich einige durchaus interessante, wenn auch eher kryptische Modifikationen hervorgebracht.[3] Dabei hatte Freud an der triebpsychologisch fundierten Monadentheorie selbst seine Zweifel, wie er vor allem in seinen kulturtheoretischen Schriften bekennt. Dort räumt er die Möglichkeit einer ganz anderen Ursprungstheorie der Psyche ein, da das Seelenleben von Beginn an in eine zwischenmenschliche Beziehungswelt eingebettet sei. So schreibt er in »Massenpsychologie und Ich-Analyse« (Freud, 1921. S. 73): »Im Seelenleben des Einzelnen kommt ganz regelmäßig der Andere als Vorbild, als Objekt, als Helfer und als Gegner in Betracht und die Individualpsychologie ist daher von Anfang an auch gleichzeitig Sozialpsychologie«. Und in »Das Unbehagen in der Kultur« (Freud, 1930) konzediert er ein »ozeanisches Gefühl«, das

---

3   Wie in der französischen Psychoanalyse Lacan (1936/1973) mit seinem »Diskurs des Anderen« oder Laplanche (1992) mit seiner allgemeinen Verführungstheorie, der zufolge die kindliche Sexualität aus der Übersetzung von »rätselhaften Botschaften« des sexuellen Anderen entsteht.

sein Freund Romain Rolland für die psychische Quelle der religiösen Erfahrung hält; zwar könne er dieses Gefühl einer »ursprünglichen Umweltverbundenheit« des Ichs und seiner »Zusammengehörigkeit mit dem Ganzen der Außenwelt« in sich »nicht entdecken«, müsse es aber intellektuell anerkennen (S. 422), auch wenn er es zu den »dunklen Modifikationen des Seelenlebens« zählt (S. 431).

Sein hier skizziertes Umweltmodell hat Freud nicht weiter ausgearbeitet. In der nachfreudianischen Theoriegeschichte der Psychoanalyse hat jedenfalls das Triebmodell dominiert, während die Dissidenten zu Wegbereitern eines Umwelt- oder Beziehungsmodells geworden sind, das heute das theoretische Fundament einer relationalen Psychoanalyse bildet.

Michael Balint (1937/1969) hat schon sehr früh eine von der offiziellen Psychoanalyse letztlich nicht aufgenommene Neuinterpretation des primären Narzissmus gefordert und das Freud'sche Ursprungsmodell als psychoanalytische »Amöbensage« bezeichnet. Die erste extrauterine Lebensphase sei keineswegs narzisstisch, sondern von einer innigen Weltbeziehung bestimmt, die er »primäre Liebe« nennt: »[…] ihr Ziel ist: ich soll geliebt, befriedigt werden, und zwar ohne die kleinste Gegenleistung meinerseits« (S. 91).

Auch Donald Winnicott (1955/1983, S. 127) lässt das Leben nicht mit der Monade beginnen: »Die Einheit ist nicht das Individuum, die Einheit ist ein Gefüge aus Umwelt und Individuum. Der Schwerpunkt des Seins geht nicht vom Individuum aus. Er liegt im Gesamtgefüge: Durch genügend gute Kinderpflege, Technik, genügend gutes Halten und genügend gute Versorgung wird die Schale allmählich übernommen, und der Kern (der für uns die ganze Zeit wie ein Baby ausgesehen hat) kann anfangen, ein Individuum zu sein«.

Hans Loewald (1986, S. 24) vertritt ebenfalls das Modell einer frühen Umweltverbundenheit: »Die Beziehung des Ichs zur Realität beruht nicht in erster Linie auf der Abwehr einer äußeren, dem Ich aufgezwungenen Macht, die ursprünglich nicht mit ihm in Verbindung stand. Die Verbundenheit von Ich und Realität oder Objekten entwickelt sich nicht aus einer ursprünglich unverbundenen Koexistenz zweier getrennter Einheiten, die miteinander in Berührung kommen, sondern im Gegenteil aus einem einheitlichen Ganzen, das sich in verschiedene Teile differenziert. Mutter und Säugling kommen nicht zusammen und entwickeln eine Beziehung, sondern der Säugling wird geboren, wird von der Mutter losgelöst, und so wird eine Verbundenheit zweier Teile, die ursprünglich eins waren, möglich«. »Diese ›Bezogenheit‹ ist die psychische Matrix, aus der sich intrapsychische Triebe und Ich und extrapsychisches Objekt herausdifferenzieren« (S. 203).

Stephen Mitchell (2000/2003) schreibt: »Im Zentrum der Psychoanalyse stand immer schon die Frage, wie Menschen sich aufeinander beziehen« (S. 23), »[…] weil wir zu menschlichen Wesen erst dadurch werden, dass andere Menschen sich um uns kümmern, dass wir uns an sie binden und sie verinnerlichen mitsamt der Kultur, die sie verkörpern. […] Wir sind so sehr eingebettet in Beziehungen mit anderen, dass es uns schwer fällt, diese Beziehungen deutlich zu erkennen. Wir stecken so tief in der Relationalität, dass es beinahe unmöglich ist, ihre inneren Konturen und Funktionsweisen voll zu würdigen« (S. 28).

Vor allem die Untersuchungen zur frühen Mutter-Kind-Interaktion haben das triebtheoretische Fundament der Psychoanalyse samt der Vorstellung einer weltabgewandten, objektlosen, triebgesteuerten Säuglingspsyche erschüttert. Säuglinge orientieren sich in Mimik, Gestik und vorsprachlichen Äußerungen am jeweiligen Gegenüber. Affektausdruck und Gefühlsmodulation, Nähe- und Distanzbedürfnisse, Erregungs- und Entspannungszustände lassen sich nicht mehr als Epiphänomene eines intrapsychischen Triebgeschehens interpretieren. Vielmehr bilden sie Teile einer komplexen Einheit von sozialem Austausch, kommunikativer Verständigung, wechselseitiger Bezogenheit, emotionaler Bindung und identitätsstiftender Umweltresonanz.

Auf solche Interaktionsbefunde der Säuglingsforschung stützt eine psychoanalytische Moderne nicht nur ihre Entwicklungspsychologie, ihre klinische Theorie und ihre Sozialpsychologie, sondern auch ihre gesamte Strukturtheorie.

Nach traditioneller Auffassung findet seelische Strukturbildung im Dreieck von Es, Ich und Über-Ich statt, also innerhalb einer Dynamik von Trieb, Abwehr und Schuld. Nach moderner Auffassung entwickelt sich das Seelenleben in einer triadischen Beziehungswelt, in der die innere Beziehung zu sich selbst (Subjektivität), die zwischenmenschliche Beziehung zum Anderen (Intersubjektivität) und die äußere Beziehung zur Wirklichkeit (Objektivität) auf widersprüchliche Weise miteinander verbunden sind. Damit verändert sich auch die psychoanalytische Metaphernsprache: Das mechanistische Bild vom »psychischen Apparat« weicht der relationalen Vorstellung einer »vernetzten Seele« (Altmeyer u. Thomä, 2006/2016).

Mit dem Wechsel vom Triebparadigma zum Paradigma der Intersubjektivität gewinnt die moderne Psychoanalyse wieder Anschluss an den Diskurs ihrer Nachbardisziplinen. Nach allem, was wir heute aus der empirischen Säuglings- und Bindungsforschung, aus einer avancierten Neurobiologie, aus der evolutionären Anthropologie und aus der neueren Entwicklungspsychologie wissen, bildet sich das Seelenleben des Menschen im engen Austausch mit seiner Lebenswelt. Von Anfang an umweltbezogen, lässt sich das psychische Geschehen nicht länger isoliert betrachten. Vielmehr sind seelische Funktionen ihrer Natur nach darauf angelegt, die Balance zwischen Innen- und Außenwelt zu regulieren, indem Kontakte hergestellt, Kommunikationen angeregt und Resonanzbeziehungen installiert werden. Wie das menschliche Gehirn ist auch die menschliche Psyche eine überaus dynamische, mit zahlreichen Richtantennen ausgestattete Netzwerkerin (vgl. Altmeyer, 2011).

Parallel zum Gehirn, das in Interaktion mit der Umwelt schließlich seine dezentrale Netzwerkarchitektur ausbildet, entwickelt die Psyche in ständiger Interaktion mit der Umwelt ihre netzwerkartige Binnenstruktur (vgl. Fuchs, 2007). Zu diesem Zweck verknüpft sie Körperempfindungen mit Triebwünschen, Triebwünsche mit Phantasien, Phantasien mit Emotionen, Emotionen mit Kognitionen, Kognitionen mit Einstellungen, Einstellungen mit Motiven, Motive mit normativen Orientierungen – und all diese seelischen Grundstoffe kreuz und quer miteinander. Zu dieser enormen Integrationsleistung gehört auch, Erleben und Denken, Fühlen und Wahrnehmen, Sprechen und Handeln zu einem lebendigen, einzigartigen und unverwechselbaren Ganzen zu verbinden. Einschließlich der hohen Kunst, die Ich-Perspektive der ersten Person auf die Du-Perspektive der zweiten und die Er-/Sie-/Es-Perspektive einer dritten Person zu beziehen, um subjektive, intersubjektive und objektive Welt voneinander getrennt und dennoch zusammenzuhalten.

In einem solchen Beziehungsmodell agiert die Psyche als unsichtbare Mediatorin, um zwischen Ich und Realität, Trieb und Kultur, Selbst und Anderem zu vermitteln. Allerdings nicht in voller Souveränität, sondern abhängig von inneren und äußeren Umständen. Denn ihre Freiheitsgrade sind durch die Unverfügbarkeit genetischer Dispositionen, soziokultureller Gegebenheiten und biografischer Kontingenzen eingeschränkt. Seelische Erkrankungen verweisen stets darauf, dass die Psyche an ihrer höchst anspruchsvollen Vermittlungsaufgabe partiell gescheitert ist: Wenn soziale Verbindungen zerreißen, weil Kontakte unterbrochen, Kommunikationen gestört oder Resonanzbeziehungen entgleist sind, wird das Netzwerk der Seele beschädigt.

2.2 Zwischen Innen und Außen: Die latente Scharnierfunktion des Unbewussten

Die Wende vom Trieb- zu einem Beziehungsmodell des Seelenlebens erweitert den Gegenstand der Psychoanalyse vom isolierten Selbst zu einem Selbst-in-Beziehung, eine Gegenstandserweiterung, die Folgen für den psychoanalytische Zentralbegriff des Unbewussten hat: Aus dem triebhaften wird ein relationales Unbewusstes, das psychische und äußere Realität miteinander verbindet.

Mit der Entdeckung des Unbewussten erregt Freud ein für die damaligen Medienverhältnisse ungewöhnliches Aufsehen. Schließlich hat er die verborgenen Abhängigkeiten des Ichs, die sexuelle Herkunft der

Neurosen und die triebhaften Wurzeln der Kultur aus der Dynamik des Unbewussten abgeleitet – für Gesellschaft und Wissenschaft im beginnenden 20. Jahrhundert eine Provokation. Nicht ohne Gespür für die eigene Bedeutung stellt er sich, als die Kritik anschwillt, in eine Reihe mit Kopernikus und Darwin. Deren aufklärerische Einsichten hatten Selbst- und Weltbild der Gattung zunächst schwer gekränkt, dann revolutioniert. Nun fügt Freud diesen Großkränkungen durch kopernikanische Wende und Evolutionstheorie die durch die Psychoanalyse hinzu: Nachdem die Menschheit schon zu verkraften hatte, dass nicht mehr die Erde, sondern die Sonne im Mittelpunkt des Universums steht, nachdem sie sich zudem ihrer Sonderstellung gegenüber der Tierwelt beraubt sah, von der sie abstammte, erfährt sie von der Psychoanalyse, dass das scheinbar souveräne Individuum nicht einmal mehr in der Seele »Herr im eigenen Haus« ist.

Bereits seit Beginn der Aufklärung, lange bevor die Psychoanalyse die weltgeschichtliche Bühne betritt, hatten die alten Seelenwissenschaften Psychiatrie und Psychologie, aber auch die schönen Künste den Sitz des Unbewussten in der Tiefe unserer animalischen Natur, in den Kellerräumen des Selbst, in den Geheimkammern der Seele vermutet. Hier waren die sexuellen und aggressiven Körperbedürfnisse zu Hause, die gesellschaftlich geächtet waren. Hier wucherten die unbändigen Leidenschaften und Begierden, die im Zaum gehalten werden mussten. Hier verbarg sich die abgeschattete Seite der Psyche in einer intrapsychischen Gespensterwelt, die den mittelalterlichen Schreckensbildern von Hieronymus Bosch entstiegen schien. In den gefährlichen Unterströmungen unseres Seelenlebens angesiedelt, wo schon das Ungeheure und das Unheimliche lauerten, wartete auch das Unbewusste, das im Volksmund nicht zufällig immer noch das Unterbewusste heißt.

Freud (1933) übernimmt diese Metaphorik der Tiefe. Das Unbewusste erklärt er zum »inneren Ausland« des Ichs (S. 62), zur Terra incognita eines Es, das den »dunklen, unzugänglichen Teils unserer Persönlichkeit« bildet und ein »Kessel voll brodelnder Erregungen« ist (S. 80). Das Es beherbergt die verdrängten, verleugneten, abgewehrten und aus dem Bewusstsein ausgesperrten Triebstrebungen, die von dort aus beharrlich auf ihre Wiederkehr drängen. Im Dualismus von Trieb und Kultur wird das Unbewusste einerseits zur vorsozialen, asozialen oder gar antisozialen Quelle des Triebhaften, andererseits zum intrapsychischen Entwicklungsmotor: Aus dem Triebreservoir des Es entwickelt sich das Ich als dessen äußere Rindenschicht, aus den individuellen Triebschicksalen die Persönlichkeitsstruktur, aus dem Unbewussten das Bewusstsein, das über seine Wahrnehmungsfunktionen Kontakt zur Außenwelt hält. Freuds letzter, posthum veröffentlichter Aufsatz enthält eine Handzeichnung, welche die räumlichen Verhältnisse im seelischen Apparat illustriert (siehe Abbildung 4, links). Besonders aufschlussreich ist eine Größenkorrektur, die Freud einem imaginären Betrachter empfiehlt: »Der Raum, den das unbewusste Es einnimmt, müsste unvergleichlich größer sein als der des Ichs oder des Vorbewussten. Ich bitte, verbessern Sie das in Ihren Gedanken« (Freud, 1940, S. 85).

Mit der Wende zur Intersubjektivität verändern sich Gegenstand und Perspektive der psychoanalytischen Betrachtung. Man schaut nicht länger auf ein isoliertes Selbst, sondern auf ein Selbst-in-Beziehung. Das Unbewusste sorgt geradezu dafür, dass psychische und äußere Wirklichkeit zusammenkommen und nicht auseinanderfallen, dass beide Wirklichkeiten vermittelt werden und nicht allzu sehr in Konflikt miteinander geraten. In dieser Gegenstandserweiterung und Blickverschiebung einer modernen Psychoanalyse erhält das Unbewusste eine verblüffend andere Bedeutung. Weit entfernt von jener Realitätsblindheit, Gesellschaftsfeindlichkeit und Rebellionsneigung, die man ihm lange zugeschrieben hat, entpuppt es sich stattdessen als der »große Konformist« (Martin Dornes in einer persönlichen Mitteilung).

Damit verändert sich die Topografie der Seele: Metapsychologisch verschiebt sich das Unbewusste von unten nach oben und von innen nach außen, von der Vertikalen der biologischen in die Horizontale der sozialen Natur des Menschen (siehe Abbildung 4, rechts). Nun verbirgt sich das Unbewusste nicht mehr im seelischen Untergrund des Menschen, sondern drängt an die Oberfläche seiner zwischenmenschlichen Beziehungen, um dort als Scharnier zwischen Innen und Außen, als Bindeglied zwischen Selbst und Anderem, als Vermittler zwischen Trieb und Kultur zu fungieren. Es wird zu einem »relationalen Unbewussten« (Zeddies, 2000), wie es verschiedene Autoren aus dem amerikanischen Intersubjektivismus beschreiben.

Donnel Stern (1997, S. 12) versteht unbewusste Seeleninhalte »als potenzielle mentale Aktivitäten [...], als noch nicht gedachte Gedanken, als noch nicht hergestellte Verbindungen« (Übersetzung M. A.): Das Unbewusste hat eine performative Tendenz, möchte sich in der sozialen Lebenswelt zur Geltung bringen. Für Jonathan Lear (2005, S. 29) ist das Unbewusste durch »Aufwärtsmobilität« gekennzeichnet: Die unbewussten Seiten von Subjektivität »schlummern nicht einfach in der Seele«, sondern »drängen nach Ausdruck«. Thomas Ogden (1994, S. 105) bescheinigt den Individuen ein unbewusstes Bedürfnis nach intersubjektiven Beziehungen, um der »endlosen, futilen Wanderschaft in der Welt ihrer inneren Objekte zu entkommen«. Nach Charles Spezzano (1995, S. 24 f.) entfaltet das Unbewusste erst im Austausch mit anderen Menschen seine mentale Qualität, weil psychische Strukturbildung erst innerhalb sozialer Interaktionen stattfindet (»creation of minds in interaction«). Sam Gerson (2004, S. 69 f.) spricht von unbewussten Strebungen der Psyche, die »auf ihre Ausarbeitung warten und auf die Möglichkeit, dem Selbst durch die äußere Erfahrung mit einem anderen bewusst zu werden« (Übersetzung M. A.).

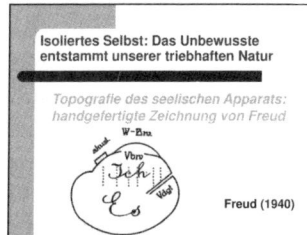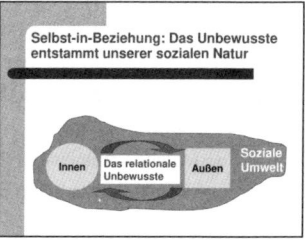

Abbildung 4: Das triebhafte Unbewusste (vertikal) und das relationale Unbewusste (horizontal)

Mit der Geburt hat der Säugling die unbewusste, weil für ihn ursprünglich selbstverständliche Verbindung mit seiner intrauterinen Umgebung verloren. Das ist eine außerordentlich schmerzhafte Erfahrung, die er seelisch bewältigen muss, aber noch nicht kann, zumindest nicht gleich und nicht vollständig. Das relationale Unbewusste dokumentiert die unvollständige und vorläufige Bewältigung dieses traumatischen Verlusts. Es enthält die Erinnerung an die ursprüngliche Umweltverbundenheit, die im unbewussten Teil der Psyche aufbewahrt und dort virulent bleibt. Aber nicht als regressive Tendenz, die dem Säugling von einer psychoanalytischen »Triebmythologie« – so der Vorwurf von Jessica Benjamin (1988) oder Thomä und Kächele (2006) – unterstellt wird, nämlich der Hoffnung auf Rückkehr ins Paradies des Mutterleibs: zur »Ur-Verschmelzung« (Chasseguet-Smirgel, 1975). Sondern als progressive Tendenz, nämlich der auf die Welt mitgebrachten Hoffnung, dass es einen »virtuellen Anderen« gibt, der ihn als realer Anderer »da draußen« erwartet und willkommen heißt (Bråten, 1992; Dornes, 2002).

Warum sollte der Säugling in den Uterus zurückkehren wollen, wo es ihm ohnehin viel zu eng, zu dunkel und zu langweilig geworden war? Viel plausibler und vor allem von seinem tatsächlichen Verhalten gedeckt ist die Annahme, dass er pragmatisch mit dem Verlust an intrauteriner Wärme, Geborgenheit und Sicherheit umgeht, indem er die verlorene Einheit durch Kontakt- und Beziehungsaufnahme wiederherzustellen versucht, und zwar in einer Umwelt, die ihn hält, pflegt und versorgt, ihn die Wirklichkeit spielend erforschen lässt, Beachtung, Aufmerksamkeit und Anerkennung bietet – und nicht zuletzt Liebe schenkt. Aus relationaler Perspektive lässt sich das Unbewusste als eine soziale Beziehung im Wartestand begreifen, die nach Realisierung strebt.

Gerade wegen der Trennung von Selbst und Anderem im Geburtsakt, so der Pionier der psychoanalytischen Säuglingsforschung Daniel Stern (1985/1992, S. IV), liegt »die Hauptentwicklungsaufgabe des Kindes in der Gegenrichtung: mit anderen Menschen in Verbindung zu kommen – das bedeutet wachsende Bezogenheit«. Ein vordringlicher Teil dieser Entwicklungsaufgabe ist der Aufbau eines »implicit relational knowing« (Lyons-Ruth et al., 1998), jenes »impliziten Beziehungswissens«, das der Säugling im Umgang mit seinen ersten Bezugspersonen erwirbt und im impliziten Gedächtnis, also unbewusst, speichert, bevor er sprechen lernt. Warum lernt der Säugling so spät sprechen?, fragt Stern. Weil er vorher andere Dinge auszuprobieren hat, lautet seine Antwort: Was muss ich tun, um die Aufmerksamkeit der Mutter zu bekommen? Wie kann ich ihr zu verstehen geben, dass ich meine Ruhe haben will? Woran erkenne ich, wenn sie ihrerseits ruhebedürftig ist? Oder womit kann ich sie doch noch zum Spielen animieren?

Dass gerade die frühe Trennungserfahrung ein psychosozialer Entwicklungsmotor ist, hat auch Freud (1926) schon erkannt. Aus dem Umstand der sozialen Frühgeburt des Menschen leitet er nicht nur die symbiotische Beziehung zur Mutter ab und die Bedeutung der Objektbeziehung, die »das verlorene Intrauterinleben ersetzen kann«, sondern auch das lebenslange Bedürfnis des Menschen, von anderen Menschen geliebt zu werden: »Das auffällige Zusammentreffen, dass sowohl die Geburtsangst wie die Säuglingsangst die Bedingung der Trennung von der Mutter anerkennt, [...] erklärt sich biologisch einfach genug aus der Tatsache, dass die Mutter, die zuerst alle Bedürfnisse des Fötus durch die Einrichtungen ihres Leibes beschwichtigt hatte, dieselbe Funktion zum Teil mit anderen Mitteln auch nach der Geburt fortsetzt. Intrauterinleben und erste Kindheit sind weit mehr ein Kontinuum, als uns die auffällige Cäsur des Geburtsakts glauben lässt. Das psychische Mutterobjekt ersetzt dem Kinde die biologische Fötalsituation« (Freud, 1926, S. 169).

»Die Intrauterinexistenz des Menschen erscheint gegen die meisten Tiere relativ verkürzt; er wird unfertiger als diese in die Welt geschickt. Dadurch wird der Einfluss der realen Außenwelt verstärkt, die Differenzierung des Ichs vom Es frühzeitig gefördert, die Gefahren der Außenwelt in ihrer Bedeutung erhöht und der Wert des Objekts, das allein gegen diese Gefahren schützen und das verlorene Intrauterinleben ersetzen kann, enorm gesteigert. Dies biologische

Moment stellt also die ersten Gefahrensituationen her und schafft das Bedürfnis, geliebt zu werden, das den Menschen nicht mehr verlassen wird« (S. 186 f.).

Das »Bedürfnis, geliebt zu werden, das den Menschen nicht mehr verlassen wird«, bringt Freud an anderer Stelle mit dem Narzissmus zusammen: »Wer liebt, hat sozusagen ein Stück seines Narzißmus eingebüßt und kann es erst durch das *Geliebtwerden* ersetzt erhalten […] Das Lieben an sich, als Sehnen, Entbehren, setzt das Selbstgefühl herab, das *Geliebtwerden,* Gegenliebe finden, Besitzen des geliebten Objekts hebt es wieder« (Freud, 1914, S. 66; Hervorh. M. A.). Diese Liebeserwartung hat für Freud ein solches Gewicht, dass ihre Erfüllung mit dem Seelenleben, ja mit dem Leben überhaupt identifiziert wird. Wenn das Ich sich vom Über-Ich, der innerpsychischen Repräsentanz der frühen Elternfiguren, nicht geliebt fühlt, entstehe Todesangst: »Leben ist also für das Ich gleichbedeutend mit Geliebtwerden, vom Über-Ich geliebt werden« (Freud, 1923, S. 288).

Ausgehend von solchen verstreuten Bemerkungen eines »intersubjektiven Freud« lässt sich der Narzissmus ganz anders definieren, nämlich als eine Form der Selbstbeziehung, die über die Beziehung zum Anderen vermittelt wird.

2.3 Im Spiegel des Anderen: Die intersubjektive Kehrseite des Narzissmus

Im Narzissmus betrachten wir insgeheim den Anderen, wie er uns betrachtet, und reagieren auf das, was wir sehen, vermuten oder phantasieren, aber wir behaupten zugleich auch die Unabhängigkeit von der Welt und schützen uns vor der schmerzhaften Erfahrung von Abhängigkeit, der wir im Wunsch nach Anerkennung wiederum unbewusst Tribut zollen: Darin liegt das Paradox des Narzissmus.

Freud definiert den Narzissmus im Rahmen der Triebtheorie als libidinöse Besetzung des Selbst und bringt ihn in einen strikten Gegensatz zur Objektbesetzung: Die Selbstliebe geht von der Objektliebe ab und umgekehrt, wobei das Ich im sogenannten sekundären Narzissmus einen Teil der dem Objekt zugedachten Libido für sich selbst abzweigt. In seinen Spekulationen über den Ursprungszustand der Psyche hat Freud neben dem klassischen Triebmodell auch ein Umweltmodell des primären Narzissmus erwogen, unter anderem deshalb, weil das »von den Reizen der Außenwelt abgeschlossene psychische System« naturgemäß nur funktioniert, »wenn man [...] die Mutterpflege hinzunimmt« (Freud, 1911, S. 232) – eine merkwürdige Formulierung, denn sobald die Mutter hinzukommt, ist die Säuglingspsyche gegenüber der Außenwelt nicht mehr abgeschlossen. Doch diese Ambivalenz in seiner eigenen Narzissmustheorie hat Freud nie aufgelöst, was deren spätere Erfolgsgeschichte keineswegs gebremst, sondern eher gefördert hat. Die drei Kernprobleme des Narzissmuskonzepts jedoch sind geblieben: seine innere Widersprüchlichkeit, sein Mangel an Trennschärfe und sein Überfluss an Bedeutung.

Was verstehen wir nicht alles unter Narzissmus? Dem Säugling schreiben wir ein narzisstisches Selbsterleben zu, wenn er wonnig an der Brust saugt, genauso wie dem Kleinkind, das uneingeschränkte Bewunderung fordert, oder dem pubertierenden Jugendlichen, der sich intensiv mit seinem Körper beschäftigt. Narzisstisch nennen wir die psychotische Regression des Schizophrenen, aber auch seine Größenphantasien, mit denen er sich die ganze Welt einverleibt. Wir finden den Narzissmus beim effeminierten Homosexuellen und beim Heterosexuellen, der seine Männlichkeit betont. Die Verführerin gilt ebenso als narzisstisch wie die Frau, die sich der Hingabe verweigert. Nymphomanie und Frigidität – beides Ausdruck des Narzissmus? Die einsame Schriftstellerin pflegt ihren Narzissmus im kreativen Alleinsein, während der extrovertierte Schauspieler aus narzisstischen Gründen die Bühne sucht. Der selige Schlaf hat etwas Narzisstisches, aber die aufdringliche Selbstdarstellung ebenfalls. Narzissmus steckt gleichermaßen im Streben nach absoluter Unabhängigkeit und in der symbiotischen Verschmelzung, auch wenn es sich dabei um höchst gegensätzliche Tendenzen handelt.

Unbegrenzt elastisch scheint der Begriff des Narzissmus, der die unterschiedlichsten Phänomene vereint und in der psychoanalytischen Metapsychologie Verschiedenes bezeichnet: ein frühes Entwicklungsstadium, ein besonderes Triebschicksal, eine Form der Objektwahl, einen Modus des Selbsterlebens, ein seelisches Regulationsprinzip.

Im letzten Viertel des 20. Jahrhunderts wird die narzisstische Persönlichkeit sogar zum »neuen Sozialisationstyp« (Ziehe, 1975), der den autoritären Charakter ablöst, die narzisstische Persönlichkeitsstörung zu einer klinischen Universaldiagnose, die es in die internationalen Klassifikationssysteme schafft. Zeitdiagnostisch attestiert man der westlichen Zivilisation eine »Kultur des Narzissmus« (Lasch, 1979), erhebt den Narzissmus in den Rang einer »protestantischen Ethik von heute« (Sennett, 1976) und erklärt die Selbstbezogenheit zur Signatur des Spätkapitalismus, der das eigene Ich ins Zentrum stellt und für die Beziehung zum Anderen keinen Raum lässt.

Eine Generation später ist unsere Lebenswelt durch die Alltagsverwendung von interaktiven Medien und den Daueraufenthalt in sozialen Netzwerken gekennzeichnet. Alle stehen mit allen in Verbindung. Interaktion und Vernetzung sind die Schlüsselbegriffe der digitalen Moderne. Dazu passt das klassische Narzissmusmodell anscheinend nicht mehr. Warum haben wir dennoch das untrügliche Gefühl, dass der auffällige Klingelton des Mobiltelefons auch ein narzisstisches Signal ist? Dass hinter dem heimlichen Vergnügen, den eigenen Namen in die Suchmaschinen des Internets zu geben oder die Besucherzahl auf seiner Homepage per Clickrate festzustellen, ein narzisstisches Bedürfnis steckt? Dass die Selbstdarstellung vor einem Millionenpublikum, wie sie in interaktiven TV-Formaten oder sozialen Netzwerken geschieht, eine narzisstische Befriedigung bedeutet? Mit anderen Worten: dass dem praktischen Narzissmus der Andere, den die Theorie unterschlägt, keineswegs egal ist? Selbst- und Weltbeziehung sind hier auf reflexive Weise miteinander verkoppelt. All diese Kapriolen der zeitgenössischen Medienwelt weisen uns darauf hin, dass im narzisstischen Modus keine reine Selbstspiegelung stattfindet, sondern eine unbewusste Spiegelung im Anderen.

Ausgerechnet der mediale Narzissmus enthüllt die intersubjektive Bedeutung der narzisstischen Spiegelfunktion, die im Kunstbetrieb ohne Weiteres erkennbar ist, weil dieser ohne Publikum nicht auskommt. Maler oder Bildhauer, Komponisten oder Musiker, Romanautoren, Lyriker oder Stückeschreiber wünschen sich selbstverständlich, dass ihr Werk einmal betrachtet, gehört oder gelesen wird – und bewundert. Ganz gegen das Klischee vom einsamen, nur seiner Kunst verpflichteten Künstler spielt die Vorphantasie vom späteren Ruhm schon im kreativen Prozess eine Rolle, zumindest im Unbewussten. Peter von Matt (1979) hat sie einmal die »Opus-Phantasie« genannt und als Beleg dafür genommen, dass nicht nur »das Werk den Meister lobt«, sondern auch ein imaginärer Anderer, der Beifall zollt: Der notorische Narzissmus der Künstlerpersönlichkeit ist ein unbewusster »Kampf um Anerkennung« (vgl. Honneth, 1992) – wie auch der des Youtubers oder anderer medialer Selbstdarsteller.

Wenn wir bei der Suche nach dem Narzissmus in uns hineinblicken, entdecken wir ebenfalls mehr als das eigene Selbst. Gewiss, bei der Eitelkeit oder der Kränkung, bei der tiefen Scham oder der maßlosen Wut wird unser Selbst im Innersten berührt. Aber es wird von einem Außen berührt, einem Anderen, wie wir auf dem Wege der Introspektion erfahren: dem bewundernden, dem verletzenden, dem beschämenden Blick des Anderen, aus dessen Perspektive wir uns betrachtet sehen, ganz gleich, ob es sich dabei um ein internalisiertes, ein phantasiertes oder ein reales »Objekt« handelt. Und was vernichten wir wohl im Zustand narzisstischer Kränkung oder Wut, wenn nicht diesen Anderen? Gefühle der Entwertung und Missachtung haben ebenso mit der sozialen Umwelt zu tun wie solche der Großartigkeit und der Entgrenzung.

So betrachtet, ist der Narzissmus in einem seelischen Zwischenbereich angesiedelt. Die eigentümliche Beziehung des Subjekts zu sich selbst, wie sie im Narzissmus aufscheint, nimmt einen Umweg über die Beziehung zu einem Anderen. Dabei schaut das Selbst auf den Anderen, um aus dessen Perspektive etwas über sich zu erfahren. Diese selbstreflexive Blickbewegung nenne ich die »narzisstische

Urszene« (Altmeyer, 2016, S. 132). Narzisstisch, weil es eine Spiegelerfahrung ist. Szene, weil neben dem Selbst ein Anderer beteiligt ist. Urszene, weil sie den Beginn der Identitätsbildung markiert und ihren Ursprung darin hat, dass der Säugling die Mutter anschaut und in ihrem Blick etwas von sich selbst erkennt. Im Unbewussten reproduziert die narzisstische Urszene ein mentales Interaktionsmuster, das der Selbstvergewisserung dient: den Anderen betrachten, wie er mich betrachtet.[4]

So wird der Andere vom Objekt der Begierde zu einem Subjekt, das Identität vermittelt. Die narzisstische Selbstbeziehung ist intersubjektiv »kontaminiert«, gehört einer Zwei- oder Mehr-Personen-Psychologie an, wie Winnicott (1965/1974, S. 37) schon vermutet: »Wenn man in Dreier- und Zweierbeziehungen denkt, wie natürlich, daß man noch einen Schritt weiter zurückgeht und von einer Einerbeziehung spricht! Zunächst scheint es, als sei der Narzissmus die Einerbeziehung, entweder eine Frühform des sekundären Narzissmus oder der primäre Narzissmus selbst. Ich meine, dass dieser Sprung von der Zweier- zur Einerbeziehung in Wirklichkeit nicht möglich ist, ohne sehr viel von dem zu verletzen, was wir durch unsere analytische Arbeit und durch direkte Beobachtung von Müttern und Säuglingen wissen«.

Der Narzissmus bringt eine Paradoxie des werdenden Selbst zum Ausdruck, das sich im Entwicklungsprozess zugleich individuiert und sozialisiert. Sie ist Teil jener entwicklungspsychologischen Paradoxien, die Winnicott der Psychoanalyse hinterlassen hat und die alle auf die intersubjektive Herkunft des Subjektiven verweisen: der Säug-

---

4 Die narzisstische Urszene ist übrigens auch die »Urszene der Psychotherapie«. Denn in unseren Kommentaren und Deutungen suchen Patienten zuallererst nach zwischenmenschlicher Resonanz. Sie wollen vor allem gesehen und gehört werden. Insgeheim schauen sie auf uns und hören uns zu, um zu erfahren, wie wir auf sie schauen und ob wir ihnen zuhören. Das gilt umgekehrt ebenfalls. Denn auch wir Psychotherapeuten haben an dieser narzisstischen Urszene unsererseits teil. Auch wir schauen insgeheim auf unsere Patienten mit der Frage, wie sie auf uns schauen. Das ist zumindest die Auffassung der relationalen Psychoanalyse.

ling, den es nicht gibt ohne eine Mutter, die ihn hält. Der nicht erlebt, wenn er gehalten, sondern nur, wenn er fallen gelassen wird. Der die Realität erfindet, die er zugleich vorfindet. Der das Objekt zerstört und die Erfahrung macht, dass es seine Aggression überlebt. Der die Unabhängigkeit des Anderen erst anerkennen kann, wenn er seine eigene Abhängigkeit erkennt. Der seine eigene Abhängigkeit erst erkennen kann, wenn er sich als eigenständiges, eigenwilliges und eigensinniges Wesen anerkannt fühlt. Der aber nur durch die Erfahrung der Gegenwart eines Anderen allein sein kann.

Nach meinem theoretischen Ausflug in die relationale Natur des Seelenlebens kehre ich im letzten Teil des Kapitels zur angewandten Psychoanalyse der Mediengesellschaft zurück: Wie verstehen und bewerten wir den Massengebrauch des Smartphones, das für die internetskeptischen Modernekritiker zum Emblem eines grassierenden Narzissmus geworden ist?

2.4 In ständiger Verbindung bleiben: Das Smartphone als Übergangsobjekt

Tiefenpsychologisch wird das Smartphone gern zum Fetisch, zum externen Körperteil oder zur narzisstischen Selbsterweiterung umgedeutet, statt es als permanent gewordenes Übergangsobjekt zu verstehen, wofür es gute Gründe gibt: Immer tragen wir es mit uns herum. Ständig warten wir, ob es klingelt oder summt. Wehe, wenn wir es vergessen, verlegt oder verloren haben – oder wenn der Saft ausgeht.

Die Theoriewerkstatt von Donald Winnicott liefert einige Konzepte, die sich zum tieferen Verständnis der Medienoberflächen gut gebrauchen lassen:

Erstens die Vorstellung eines »intermediären« Übergangsraums *(potential space),* der zwischen psychischer Innen- und sozialer Außenwelt aufgespannt ist, damit die getrennten Sphären von Selbst und Anderem, Phantasie und Realität, Trieb und Kultur zusammenkommen. Winnicott hat diesen Raum einmal als Ort bezeichnet, in dem Menschen sich von der lebenslangen Anstrengung ausruhen können, innere und äußere Realität auseinanderzuhalten. Dort ist das kreative Potenzial sowie die Fähigkeit zum Träumen und Tagträumen untergebracht. Aber auch psychische Grenzzustände wie die Fähigkeit zur Regression, zur Selbsttäuschung oder die zur Wahnbildung lassen sich hier unterbringen. In diesem potenziellen Raum, der auch ein sozialer Resonanzraum ist, lässt sich das Internet ebenfalls ansiedeln.

Zweitens die Annahme, dass in diesem potenziellen Raum zwischenmenschliche Spiegel- und Resonanzerfahrungen *(intersubjective mirroring)* gemacht werden, die von frühester Kindheit an der Persönlichkeitsentwicklung und Identitätsbildung dienen. Die Basis dafür ist das, was Winnicott eine »haltende Umwelt« nennt: eine entwicklungspsychologische Urerfahrung, von der der Säugling nichts weiß, die aber hinreichend gute Bemutterung *(mothering)* voraussetzt und dem Kind erlaubt, zu spielen, schöpferisch zu sein und mit dem eigenen Selbst zugleich die Welt da draußen zu »erschaffen«. Zu diesen Spiegel- und Resonanzerfahrungen kann man auch den medialen Narzissmus mit seiner selbstbestätigenden und identitätsbildenden Funktion rechnen.

Drittens schließlich die Idee von Übergangsobjekten *(transitional objects)*, die weder ganz der subjektiven noch ganz der objektiven Welt angehören, sondern beide Welten miteinander verbinden, wie beispielsweise das Schmusekissen, der Teddybär oder die Lieblingspuppe, die das Kleinkind überall mit sich herumträgt, weil sie buchstäblich unverzichtbar sind. Übergangsobjekte nennt Winnicott auch »subjektive Objekte«: Sie werden als Teil des Selbst erlebt, obwohl sie ein Teil der Dingwelt sind. Auch das Smartphone ist zu solch einem unverzichtbaren Übergangsobjekt geworden, das allerdings auf Dauer gestellt ist und weit über die Kindheit hinaus von Jugendlichen und Erwachsenen genutzt wird, um Verbindungen zur Welt oder miteinander zu halten.

Inwiefern lässt sich das Smartphone als permanentes Übergangsobjekt verstehen? Nun, es erfüllt all jene Eigenschaften, die bereits das kindliche Übergangsobjekt ausmachen. Und noch einiges mehr. Das beweist schon die Phänomenologie.

David Brooks ist Kulturredakteur bei der New York Times. In einer Zeitgeistkolumne beschreibt er seine Gefühle beim gewohnheitsmäßigen Griff nach dem Handy:

»Selbst während der kleinsten Pause im wirklichen Leben greifst du zu deinem Phone, um Nachrichten zu checken. Du spürst jene Phantomvibrationen selbst dann, wenn niemand dir textet. […] Online zu sein ist so, als ob man Teil der großartigsten Cocktailparty wäre, die jemals stattfinden würde und nie zu Ende ginge. Wenn du eine E-Mail schreibst oder eine SMS, auf Facebook bist oder Instagram oder bloß den Links im Internet folgst, hast du Zugang zu einem ständig wechselnden Universum sozialer Kontaktoptionen. Es ist, als ob du in einem unendlichen Menschenpulk unterwegs bist, mit unmittelbarem Zugang zu Leuten, denen du in Wirklichkeit fast niemals begegnest. Online zu leben ist so herrlich, weil es Geselligkeit nahezu ohne Spannungen schafft. Du kannst Bonmots, Fotografien, Videos oder Zufallsmomente von Einsicht, Ermutigung, Solidarität oder gutem Willen mit anderen teilen. Du lebst in einem Zustand immerwährender Vorwegnahme, weil die nächste soziale Begegnung in der nächsten Sekunde ansteht. […] Diese Art der Interaktion fördert mentale Beweglichkeit. […] Diese schnelle, reibungslose Welt begünstigt die rasche Auffassungsgabe, die unmittelbare Einschätzung und den gekonnten Auftritt« (NYT OP-ED vom 10. Juli 2015; Übersetzung M. A.).

Diese feinfühlige Introspektion eines Journalisten enthüllt, warum das Smartphone zu einem modernen Übergangsobjekt geworden ist. Jeder von uns, der ein solches Gerät benutzt, kann dessen eigentümliche Faszination nachvollziehen. Auch die Weiten des Internets, insbesondere die Sozialmedien, bilden so etwas wie universelle Übergangsräume zwischen psychischer Innen- und sozialer Außenwelt, in dem Selbst und Anderer, Phantasie und Realität, Trieb und Kultur zusammenkommen – auf konstruktive oder destruktive Weise. Auch im virtuellen Raum werden identitätsstiftende Spiegel- und

Resonanzerfahrungen gemacht, die der Herstellung von Selbst- und Weltbeziehungen dienen – und zwar gesunden wie ungesunden. Auch das Smartphone ist ein unverzichtbares Übergangsobjekt, von Individuen oder von Gruppen genutzt, um Verbindungen zur Welt oder zueinander zu halten, sich aufeinander zu beziehen, sich miteinander auszutauschen oder sich gegeneinander in Stellung und Wallung zu bringen – also im Guten und im Bösen zu interagieren.

Kapitel 3
Das exzentrische Selbst. Eine Zeitdiagnose
der Gegenwartsmoderne

Vorschau

Die Moderne ist ständig in Bewegung. Rastlos dreht sie das Rad der Geschichte immer weiter. Unaufhaltsam treibt sie den Fortschritt voran. Andauernd verlangt sie nach Erneuerung. Seit dem 15. Jahrhundert besteht sie aus einer einzigen Folge von Entdeckungen, Erfindungen und Eroberungen, begleitet von entsprechenden Umbrüchen in den Selbst- und Weltbildern der Gattung. Der technische, soziale und mentale Wandel ist geradezu das Markenzeichen der Moderne. Hatte bereits die industrielle Revolution im Fabrikzeitalter des 19. und 20. Jahrhunderts nicht nur die Arbeitswelt, sondern auch die Lebenswelt und das Seelenleben der Menschen verändert, gilt das für die digitale Revolution im Informationskapitalismus des 21. Jahrhunderts umso mehr. Beide Umwälzungen reichen bis in die Tiefenstrukturen der Psyche und die Weichteile der Gesellschaft hinein. Mit welchen markanten Veränderungen hat es das zeitgenössische Selbst in der digitalen Moderne zu tun?

Drei Entwicklungstendenzen sind für Verschiebungen im Mentalitätsgefüge bedeutsam:

Erstens sind mit dem Einzug der Computer- und Kommunikationstechnologie in die persönliche Lebenswelt unsere Kontaktmöglichkeiten ins Grenzenlose gewachsen, sodass wir an (fast) jedem Ort und zu (fast) jeder Zeit mit anderen und der Welt in Verbindung treten können.

Zweitens haben sexuelle Befreiung, kulturelle Liberalisierung und gesellschaftliche Individualisierung im Verein mit partnerschaftlichen

Erziehungsmethoden dazu beigetragen, dass Kinder heute in freiheitlichen, weniger reglementierten, stärker an Selbstbestimmung orientierten und kommunikativ anspruchsvolleren Milieus aufwachsen als in vergangenen Zeiten.

Und drittens hat die enorme Ausdehnung digitaler Bilderwelten dazu beigetragen, dass das Sichzeigen und Gesehenwerden zum allgemeinen Modus von Selbstvergewisserung und Identitätsstiftung geworden ist. Im panoptischen Sog dieser Bilderflut werden alte Klassenschranken eingerissen und soziales wie symbolisches Kapital neu verteilt. Insbesondere öffnen sich die Reservate des medialen Narzissmus, früher den Reichen, Schönen, Wichtigen, Bedeutenden und Berühmten vorbehalten: Sie werden frei zugänglich und allen verfügbar. Doch hinter dem scheinbar narzisstischen Massenbedürfnis nach sozialer Sichtbarkeit verbirgt sich ein Resonanzverlangen, dessen intersubjektive Quellen aus der frühen Kindheit stammen, nämlich aus Grundbedürfnissen nach Zuwendung, nach Beachtung und Aufmerksamkeit, nach zwischenmenschlicher Spiegelung und sozialem Widerhall.

Früher waren solche »regressiven« Wünsche nur Kindern und pubertierenden Jugendlichen zugestanden, im Lauf ihrer weiteren Sozialisation aber als unreif ausgetrieben oder abtrainiert und Erwachsenen als unziemlich und ungehörig ausgelegt worden. Sie mussten verleugnet, verdrängt oder sonst irgendwie abgewehrt werden und durften bestenfalls sublimiert oder getarnt auf Erfüllung hoffen. Im Medienzeitalter drängen sie mit Macht auf die zahlreichen Schaubühnen der Lebenswelt, wo sie gefördert und befriedigt werden: in den medialen Inszenierungen des Sport-, Politik-, Kultur- und Wissenschaftsbetriebs, in den interaktiven Formaten des Fernsehens, besonders niederschwellig in den sozialen Netzwerken seit der Erfindung von Facebook.

Für diese Rehabilitierung von Resonanzbedürfnissen sind strukturelle Veränderungen verantwortlich, die im folgenden Kapitel untersucht werden: ein Strukturwandel der Öffentlichkeit, ein mentaler Strukturwandel und ein Strukturwandel im Verhältnis von Selbst-

und Weltbeziehung. In der rasanten Psycho- und Soziodynamik dieser anhaltenden Strukturumbrüche schält sich eine mediale Identitätsformel heraus, die an eine entwicklungspsychologische Identitätsformel andocken kann: Ich werde gesehen – also bin ich!

3.1 Massenandrang auf gesellschaftliche Teilhabe: Die soziale Öffnung der Lebenswelt

Im Zeitalter des Internets wird der privilegierte Zugang zu den öffent-lichen Bühnen der Gesellschaft durch einen egalitären Zugang ersetzt, der dafür sorgt, dass potenziell alle sich öffentlich zu Wort melden, ins Bild setzen und Gehör verschaffen können: Der mediale Narzissmus demokratisiert sich.

Die digitale Revolution hat einen »mentalen Kapitalismus« hervor-gebracht, reguliert durch die Gesetze einer »Ökonomie der Aufmerk-samkeit«, auf deren Märkten Selbstdarstellung gegen Beachtung getauscht wird (Franck, 1998, 2005). »Die Aufmerksamkeit anderer Menschen ist die unwiderstehlichste aller Drogen. Ihr Bezug sticht jedes andere Einkommen aus. Darum steht der Ruhm über der Macht, darum verblasst der Reichtum neben der Prominenz« (Franck, 1998, S. 10). Hier ist eine neue Art von Volkskapitalismus entstanden, an dem sich jeder und jede beteiligen kann und der allen Beteiligten Profit verspricht. Das Marktgeschehen ist demokratisiert. Die Hür-den sind niedrig, die Kosten gering. Die Marktteilnehmer kommen aus der ganzen Gesellschaft, nicht zufällig gerade aus ihren ärmeren, ökonomisch, sozial und kulturell marginalisierten Randschichten. Massenhaft machen sie von den digitalen Medien Gebrauch, um end-lich wahrgenommen zu werden und eigene Spuren in der Lebenswelt zu hinterlassen: Aufmerksamkeit bitte![5]

---

5 »Aufmerksamkeit bitte!« ist der Titel eines Essays, den ich für den »Spiegel« 2016 als Antwort auf die Radikalkritiken der digitalen Moderne von Hans Magnus Enzensberger (2014) und Harald Welzer (2016) verfasst habe (Altmeyer, 2016a).

Für die Bewohner der digitalen Moderne bildet diese Hoffnung auf Resonanz ein unbewusstes Hintergrundmotiv, das Dave Eggers (2014) in seinem modernekritischen Schlüsselroman »Der Circle« seiner Protagonistin Mae in den Mund legt: »Wir wissen alle, dass wir sterben. Wir wissen alle, dass wir in dieser großen Welt nicht von Bedeutung sind. Deshalb bleibt uns bloß die Hoffnung, gesehen oder gehört zu werden, wenn auch nur für einen Augenblick« (Eggers, 2014, S. 568).

Mae arbeitet als kleine Angestellte bei Circle, einem Großkonzern der Internetindustrie, die der Inbegriff des Bösen im Informationskapitalismus ist. Ihr Bekenntnis offenbart eine Resonanzerwartung, welche die Mediennutzer letztlich auf die Bühnen der modernen Lebenswelt treibt. Dort finden Selbstinszenierungen statt. Dort sucht man nach Resonanzerfahrungen. Dort wird mit allen möglichen Seelenstoffen gehandelt.

Die wertvollsten all dieser Stoffe sind jedoch Authentizität, Originalität und Charisma. Echtheit, Unverfälschtheit und Einzigartigkeit, charismatisches Auftreten sind Premiumgüter des mentalen Kapitalismus, Waren mit dem höchsten Aufmerksamkeits- und Marktwert in einem Wirtschaftszweig, in dem auch Geld verdient wird, dessen Zweitwährung aber narzisstischer Natur ist. Nur handelt es sich bei dieser Art von Narzissmus nicht um reine Eigenliebe oder Selbstbezogenheit, sondern im Gegenteil: um den Narzissmus eines zeitgenössischen Selbst, das sich zeigen und darauf hoffen darf, von seiner realen oder virtuellen Umwelt wahrgenommen zu werden. Was auf den Marktplätzen der Aufmerksamkeitsökonomie tatsächlich zählt, ist Umweltresonanz: ein Widerhall, ein Feedback, eine Antwort auf die eigene Selbstdarstellung.

Nehmen wir beispielsweise das Selfie, das die Modernekritiker als prototypischen Ausdruck massenhafter Selbstbespiegelung verteufeln, als Zeitgestalt eines grassierenden Narzissmus, weswegen der Verlängerungsstab für das Smartphone in Kennerkreisen auch »Narcistick« genannt wird. Aber das Selfie wandert nicht ins Familienalbum. Das digitale Selbstbild, ganz gleich ob als Einzel-, Paar- oder

Gruppenselfie erstellt, wird über die sozialen Netzwerke verbreitet, sodass alle Freunde und Follower und manchmal die halbe Welt es sehen können. Es ist eher mit dem Selbstporträt des Malers vergleichbar, der sich vor einem bestimmten Hintergrund malt, mal allein im Atelier oder in der Landschaft, mal im Familienkreis, mal mit seinen Malerfreunden und Trinkkumpanen im Gasthaus, und sein Bild bei Galerien oder in Museen an der Wand hängen sehen will. Wer ein Selfie macht, will von anderen Menschen gesehen werden und der Welt zeigen, wie und mit wem und in welcher Umgebung er oder sie gesehen werden möchte. Unausgesprochen enthält das Selfie eine knappe Botschaft und eine ebenso knappe Aufforderung: Schaut mich an! Wie findet ihr mich?

Das Selfie ist aber nur *ein* Produkt einer Ökonomie der Aufmerksamkeit, wenn auch ein relativ neues, besonders erfolgreiches und dazu noch einfach und von jedermann und jeder Frau herzustellendes. Andere Produkte sind schon älter und waren auch in vordigitalen Zeiten schon auf dem Markt: Operninszenierungen, Theateraufführungen, Klassikkonzerte, Bücherlesungen, Wissenschaftskongresse, Kirchentage, Turnfeste, Schönheitswettbewerbe, Spielcasinos, Fußballspiele, olympische Spiele, Auto- und Pferderennen, politische Kundgebungen und Demonstrationen. Nun hat sich die Produktpalette erweitert und die alten Formate der Selbstdarstellung vor Publikum konkurrieren mit neuen, die ihren Teilnehmerinnen und Teilnehmern für eine gewisse Zeit ebenfalls Bedeutung verleihen: die Talk-, Quiz-, Game-, Koch-, Casting- und Realityshows (seit einiger Zeit auch die Flohmarktshows) eines interaktiven TV, das man auch Mitmachfernsehen nennen könnte; die unterschiedlichen Szenen der Gamer, der E-Sportler, der Verschwörungstheoretiker; die digitalen Pokerrunden, Partnerbörsen und privaten Sexkanäle; die diversen Foren, Plattformen und Chaträume, auf denen öffentlich Ansagen gemacht, Meinungen ausgetauscht, diskutiert und getratscht, gelobt und gemobbt, geliked und gehasst, Freundschaft wie Feindschaft geschlossen wird. Immer aber gilt die unausgesprochene Devise der Mediengesellschaft: Ich werde gesehen, also bin ich!

Gilt diese Identitätsformel am Ende nicht auch für unsere empörten Moderne- und Medienkritiker mit ihrem chronischen Verdacht gegenüber dem medialen Narzissmus? Bewegen sie sich nicht ebenfalls auf medialen Schaubühnen, auf die nun auch die Underdogs stürmen, weswegen dort ein Konkurrenzkampf um die eigene Bedeutung und die Deutungshoheit über den Lauf der Welt entsteht? Jedenfalls fühlen sich die aus den alten Medien ehemals Ausgegrenzten von den neuen Medien eingeladen, am Kampf um den publikumswirksamen Auftritt, um sozialen Distinktionsgewinn, um die wertvolle Ressource Prominenz teilzuhaben. Hier findet ein sozialer Wandel statt, den man unter Berufung auf Jürgen Habermas (1961/1993) einen »Strukturwandel der Öffentlichkeit« nennen kann. In seinem gleichnamigen Buch untersucht der Grandseigneur einer Kritischen Theorie der Gesellschaft – Schüler und Nachfolger von Horkheimer und Adorno am Frankfurter Institut für Sozialforschung (im Erscheinungsjahr dieses Bandes 90 Jahre alt geworden) – die Entstehungsgeschichte und Dynamik demokratisch-bürgerlicher Massengesellschaften. Ein halbes Jahrhundert später erleben wir in einer digitalisierten Medienwelt die nächste Stufe dieses Strukturwandels: die Beseitigung nahezu aller Schranken, die den »Massen« den Zugang zur Öffentlichkeit bisher noch verwehrt haben.

Im Zeitalter interaktiver Massenmedien bildet der geschilderte Strukturwandel der Öffentlichkeit aber nur die – höchst attraktive – Angebotsseite der neuen Ökonomie. Auf der Nachfrageseite hat sich ein veränderter Persönlichkeitstyp entwickelt, der psychisch in der Lage ist, die mediengesellschaftliche Einladung zur öffentlichen Selbstdarstellung anzunehmen und das sichtlich gern tut. Offenbar profitieren die Bewohner der digitalen Moderne von den gesellschaftlichen, psychosexuellen und alltagskulturellen Veränderungen, die im Gefolge der antiautoritären Revolte im letzten Viertel des 20. Jahrhunderts erreicht worden sind. Dadurch haben sich die Sozial-, Generations- und Geschlechterbeziehungen nachhaltig entspannt. Die allmähliche Verflüssigung äußerer Kommunikationsstrukturen hat inzwischen auch zu einer »kommunikativen Verflüssigung« der Innenwelt geführt, wie Axel Honneth – Nachfolger von Habermas als Direktor der »Frankfurter Schule« – in seinem Aufsatz »Objektbeziehungstheorie und postmoderne Identität. Über das vermeintliche Veralten der Psychoanalyse« schreibt (Honneth, 2000, vgl. auch 2006).

3.2 Aufbrechen des Charakterpanzers: Die zeittypische Lockerung des Seelenlebens

Im Zuge einer Liberalisierung von Gesellschaft und Kultur, Familienerziehung und Geschlechterverhältnis, Sexualität und Moral wird die rigide Abgrenzung von psychischer Struktur und sozialer Lebenswelt durch offenere Formen der Individuierung und Vergesellschaftung abgelöst: Die Psyche modernisiert sich.

Aus seiner umfassenden, methodisch vorbildlichen, auf der Metaanalyse unzähliger empirischer und epidemiologischer Studien beruhenden Untersuchung »Die Modernisierung der Seele« destilliert der Entwicklungspsychologe Martin Dornes (2012) einen neuen Persönlichkeitstyp, den er »postheroisch« nennt. Die »postheroische Persönlichkeit« erklärt er zum Sozialcharakter einer »postheroischen Gesellschaft« – in der Tradition der Frankfurter Schule, die im »autoritären Charakter« das mentale Pendant zum »autoritären Staat« (Horkheimer, 1967) gesehen hatte.

In den Studien über Autorität und Familie (Horkheimer, 1936/2005) und in späteren Arbeiten aus dem Frankfurter Institut für Sozialforschung (Adorno, 1950) wird der »autoritäre Charakter« als streng gepanzerter, zwanghaft-ordentlicher, latent aggressiver, aber unterwürfiger Persönlichkeitstyp mit analer Struktur beschrieben: vorurteilsvoll, fremdenfeindlich, gewaltbereit und faschismusanfällig, wie gemacht für die nationalsozialistisch formierte Volksgemeinschaft (vgl. auch Wilhelm Reich, 1933/1970).

Was ist nun das Postheroische am modernen Persönlichkeitstyp? Postheroisch nennt Dornes den neuen Sozialcharakter deshalb, weil

Individuen heute ihre eigenen Bedürfnisse eher zulassen und nach Befriedigung suchen, statt sie heldenhaft zu unterdrücken, und weil sie getroffene Lebensentscheidungen leichter korrigieren, statt eisern daran festzuhalten. Die postheroische Persönlichkeit ist gewissermaßen der Held nach der Schlacht. Nur ist der Held nicht müde, sondern entbehrlich. Er wird nicht mehr gebraucht.

Im Vergleich zur autoritären ist die postheroische Persönlichkeit durch eine Lockerung der seelischen Binnenstruktur gekennzeichnet, die mit weniger Verdrängungsaufwand auskommt und sich gegenüber der sozialen Außenwelt stärker öffnet. In psychoanalytischer Terminologie haben wir es mit einer höheren Toleranz gegenüber vormals eher abgewehrten Es-Bedürfnissen, mit der Flexibilisierung einer vormals eher starren Ich-Struktur und mit der Milderung vormals eher strenger Über-Ich-Forderungen zu tun.

Übersetzt in die Alltagssprache können wir über einen innerlich lebendigen, sozial sensiblen, anpassungsfähigen und einfühlsamen Persönlichkeitstyp reden, der für die gegenwartstypischen Kommunikations-, Performanz- und Umstellungsanforderungen psychisch gut vorbereitet scheint. Andererseits weist die postheroische Persönlichkeit, wie Dornes zu bedenken gibt, eine modernetypische Ambivalenz auf (vgl. dazu Baumann, 2003, 2005): offener, aber zugleich irritierbarer; flexibler, aber zugleich störungsanfälliger; kreativer, aber zugleich flüchtiger; weniger starr, aber zugleich weniger stabil.

Daraus ergibt sich die Frage: Führt das Aufbrechen der starren Charakterpanzerung und die Verflüssigung der seelischen Binnenverhältnisse tatsächlich zu einer höheren Erkrankungshäufigkeit? Anhand von epidemiologischen Daten widerlegt Dornes (2016) – in einer weiteren Untersuchung: »Macht der Kapitalismus depressiv?« – die nicht nur in psychotherapeutischen Kreisen weitverbreitete Annahme, dass psychische Störungen zunehmen, insbesondere Depressionen und depressive Erschöpfungszustände wie das »Burn-out«.

In der Tat sind die Diagnosezahlen laut Krankenkassenstatistiken, ärztlichen und psychotherapeutischen Ziffern und WHO-Berichten gestiegen. Dafür ist allerdings, so Dornes, eine Reihe von Artefakten verantwortlich: eine zunehmende Aufhellung des Dunkelfeldes seelischer Erkrankungen, die früher unentdeckt und unbehandelt geblieben sind; die allmähliche Korrektur von somatischen Fehldiagnosen im Zuge einer gesellschaftlichen Sensibilisierung für psychisches Leiden und dessen Anerkennung im Gesundheitssystem; herabgesetzte Diagnosekriterien und erweiterte Diagnoseschlüssel in psychodiagnostischen Manualen wie ICD und DSM.

Auf epidemiologische Daten kann sich ein modernekritischer Kulturpessimismus jedenfalls nicht stützen, wenn er eine stetige Zunahme von psychischen Krankheiten in einer zunehmend kränker werdenden Gesellschaft behauptet. Im Gegenteil: Dornes stellt eher eine leichte Verbesserung der seelischen Gesundheit in entwickelten Kommunikationsgesellschaften fest, und zwar für alle Gruppen der Gesellschaft (mit Ausnahme sozioökonomisch benachteiligter Randgruppen, insbesondere der Migrantenpopulationen, die sich in Parallelgesellschaften eingerichtet haben). Das optimistische Resümee des entwicklungspsychologischen Empirikers gibt wenig Anlass für apokalyptische Endzeitstimmungen.

3.3 Hoffen auf Umweltresonanz: Ein Wandel in der Beziehung von Selbst und Welt

Der für die Gegenwartsmoderne typische soziale und mentale Strukturwandel verändert mit der Selbstbeziehung auch die Weltbeziehung der Individuen, weil die Grenzen zwischen psychischer und sozialer Realität durchlässiger werden: Im Bedürfnis nach medialer Aufmerksamkeit enthüllen die sozialen Netzwerker und Netzwerkerinnen, dass Menschen von anderen Menschen abhängig und auf zwischenmenschliche Spiegelung und ein soziales Echo angewiesen sind.

Statt die Internetgeneration zu pathologisieren oder zum bedauernswerten Opfer des Informationskapitalismus zu erklären, sollten wir ihr besser neugierig und interessiert begegnen. Dann kann sie uns

Einsichten in das veränderte Begehren in der globalisierten Mediengesellschaft vermitteln. Über das Bedürfnis nach Nähe und Kontakt. Über das Verlangen nach Kommunikation und Austausch. Über die Lust daran, sich darzustellen und mitzuteilen. Vor allem jedoch über die Sehnsucht nach einer resonanten Selbst- und Weltbeziehung, denn mit dem Verlangen nach persönlicher Selbstdarstellung und sozialer Sichtbarkeit wächst auch die Hoffnung auf Umweltresonanz.

In der Erwartung von Antworten aus der sozialen Lebenswelt neigt der postheroische Persönlichkeitstyp dazu, sich zu öffnen, aus sich herauszugehen, seine Gedanken zu äußern, seine Gefühle zu zeigen, seine Meinungen kundzutun, sich zu seinen Vorlieben und Abneigungen zu bekennen – mit anderen Worten: zu zeigen, wer er ist. Er kehrt sein Innerstes nach außen, um der Umwelt zu präsentieren, was alles in ihm steckt. So wird das zeitgenössische Selbst im wörtlichen Sinne »ex-zentrisch«. Zur psychischen Exzentrik wird es freilich von einer entfesselten Mediengesellschaft aufgefordert und ermutigt. Diese erlaubt auch gewöhnlichen Sterblichen die Flucht aus der sozialen Anonymität, ermöglicht auch einfachen Menschen den Auftritt vor Publikum jenseits von Familie, Stammtisch und Sportverein, gönnt auch dem Nobody jenen kurzen Augenblick des Ruhms, in dem er zu Jemandem wird.

Die Hoffnungen auf Selbstbestätigung, die Erwartungen von Identitätsgewinn, die Wünsche nach sozialer Sichtbarkeit und Umweltresonanz sind keine Kunstprodukte der Medienwelt, wie die Modernekritiker unterstellen. Sie gehören vielmehr zur Conditio humana, zur sozialen Natur unserer Gattung. Im zeittypischen Drang zur medialen Selbstdarstellung äußert sich ein zwischenmenschliches Grundbedürfnis, das die modernisierte Psyche im Versuch, ihm Geltung zu verschaffen, lediglich zum Vorschein bringt und das wir missverstehen, wenn wir es als narzisstisch oder exhibitionistisch oder »histrionisch« pathologisieren.

Wie uns Entwicklungspsychologie, Neurobiologie und Psychoanalyse im Zuge ihrer intersubjektiven Wende lehren, steht ein elementarer Wunsch nach Spiegelung und Widerhall am Beginn jeder seelischen Entwicklung. Dieses Resonanzverlangen will befriedigt werden. Seine Befriedigung verbindet bereits den Säugling psychisch mit seiner sozialen Umwelt, von der er sich gehalten, in die er sich eingebettet, durch die er sich gefördert fühlt – falls sie gut genug ist, das heißt: hinreichend resonant. Unbewusst bleibt das Resonanzverlangen im Seelenleben des Einzelnen virulent, weit über Kindheit, Pubertät und Adoleszenz hinaus, weswegen die digitale Moderne damit rechnen, darauf bauen und daran andocken kann. Denn ein Leben lang braucht der Mensch ein Mindestmaß an Umweltresonanz als Bindeglied zwischen innerer und äußerer Realität – um zu erfahren, wie er gesehen wird, wer er ist und was er kann.

Was genau verstehen wir unter sozialer Resonanz? Wie Musik nicht eine Ansammlung von einzelnen Tönen ist, sondern das, was zwischen den Tönen entsteht, ist soziale Resonanz das, was zwischen den Menschen entsteht. Sie hat keine eigene Substanz. In der Musik bedeutet Resonanz das Mitschwingen eines Klangkörpers, verursacht durch die Schwingung eines anderen. Im übertragenen Sinn hat soziale Resonanz die gleiche Bedeutung, nämlich die eines zwischenmenschlichen Mitschwingens. Der Eine äußert sich, und der Andere antwortet. Aber er antwortet gerade nicht als Objekt, sondern als Subjekt, das seinerseits auf Antwort wartet. Resonanzbeziehungen sind prinzipiell umkehrbar und wechselseitig. Sie verbinden Menschen miteinander. Resonanz zu erhalten, heißt, bei anderen Menschen Anklang zu finden, eine Rückmeldung aus der Umwelt zu bekommen. Umweltresonanz wirft etwas von dem zurück, was man selbst als Subjekt zum Ausdruck gebracht hat, aber verändert durch einen Anderen, der seinerseits als Subjekt antwortet. Dieser Widerhall ist also kein blankes Echo – im Sinne einer bloßen »Echokammer«, die die Medienkritiker etwa in den sozialen Netzwerken erkennen wollen –, sondern ein intersubjektiv »gebrochenes« Echo, verändert durch die Subjektivität des antwortenden Anderen.

Auf eigentümliche Weise ist das menschliche Bedürfnis nach Resonanz selbst- und weltbezogen zugleich. Vom Selbst ausgehend, richtet es sich an die Welt »da draußen«, um von dort als Widerhall zum Selbst zurückzukehren. Die für die zwischenmenschliche Resonanzerzeugung typische Doppelbewegung kennen wir von verwandten Bedürfnissen, zum Beispiel denen nach Wertschätzung und Anerkennung. Im gleichen Modus vollzieht sich übrigens auch die Liebe. Und sie bedient sich in dieser Doppelbewegung ausgerechnet des Narzissmus, wie Sigmund Freud (1914, S. 66) uns gelehrt hat: »Wer liebt, hat sozusagen ein Stück seines Narzißmus eingebüßt und kann es erst durch das Geliebtwerden ersetzt erhalten« (vgl. Kapitel 2.3).

Bedürfnisse dieser Qualität nennen wir intersubjektiv oder relational, weil sie eine wechselseitige Beziehung zwischen Subjekten herstellen. Das Resonanzbedürfnis zielt nicht auf Lust oder Entspannung, sondern auf eine identitätsstiftende Umweltverbindung. Unbewusst dient Umweltresonanz dem Zweck, sich seiner selbst zu vergewissern. Sie ist ein Beweis dafür, dass man überhaupt existiert. Deshalb sind Resonanzbeziehungen lebensnotwendig, so etwas wie Existenzbeweise. Ohne Resonanz aus der Umwelt fühlen wir uns verlassen und verloren und beginnen am Ende, an unserer eigenen Existenz zu zweifeln.

3.4 Morden im Rampenlicht: Über die öffentliche Inszenierung von Allmacht und Größenwahn

Weltweit wird über die blutigen Attacken berichtet, sie finden in aller Öffentlichkeit statt, sind spektakulär: in New York City das World Trade Center mit zwei gekaperten Passagierflugzeugen zum Einsturz gebracht, in Madrid einen vollbesetzten Eisenbahnzug angegriffen; in London eine U-Bahn-Station während der Stoßzeit; in Boston ein Marathonlauf mit Tausenden von Teilnehmern; in Paris ein ausverkauftes Fußballstadion, ein gut besuchtes Straßenrestaurant, das bei der Jugend angesagte Bataclan, ein jüdisches Einkaufszentrum; in Nizza die Strandpromenade; in Toulouse eine jüdische Schule; in München eine Einkaufsmall; in Berlin und Straßburg ein Weihnachtsmarkt; in Norwegen die Osloer Innenstadt und eine Ferieninsel; auf den Philippinen

eine Kathedrale; in Christchurch zwei Moscheen, wobei der Täter das
Geschehen mit seiner Webkamera filmt und live ins Netz stellt. Dazu
die islamistischen Attentate auf Marktplätzen, in Gebetsschulen, in
Straßencafés oder am Strand und nicht zuletzt die Schulamokläufe
nach dem Vorbild des Massakers an der Columbine-Highschool, dem
auch die deutschen Amokläufer in Erfurt oder Winnenden folgen: Was
bedeutet dieses Morden im Rampenlicht?[6]

Die Täter bekennen sich zu ihren Taten. Sie spekulieren auf den vorphantasierten Nachruhm, den ihnen das weltweite Medienecho ver-
heißt. Denn möglichst viel Aufmerksamkeit zu erhalten, ist das Ziel
all dieser Massenmorde, und die Massenmedien helfen dabei, dieses
Ziel zu erreichen.

Die Medien begleiten auch die Suche nach den wahren Motiven der Täter, nach den wirklichen Ursachen hinter der Tat, nach
den eigentlichen Gründen unter der Oberfläche. Weil wir gar nicht
anders können, brauchen wir sozialphilosophische, religionswissen-
schaftliche oder kulturpsychologische Erklärungen, um uns das ent-
setzliche Geschehen irgendwie begreifbar zu machen. Das ist die
Stunde der Anklage oder der Selbstkritik, wobei jeder sein eigenes
Steckenpferd reitet. Für den religiösen Fundamentalismus machen
die Globalisierungsgegner die Globalisierung verantwortlich, die
Religionswissenschaftler die historische Kränkung des Islam, Theo-
retiker des Postkolonialismus die kolonialen Erblasten des Westens.
Bei den Schulamokläufen verweisen die Sozialkritiker auf die Kälte
der neoliberalen Gesellschaft, die Kulturkritiker auf den Verlust nor-
mativer Orientierungen, die Zeitkritiker auf den turbokapitalistischen
Zeitgeist, die Schulkritiker auf die Leistungskonkurrenz im Bildungs-
wesen und die Medienkritiker auf gewaltschwangere Computerspiele.
Es herrscht eine Logik kausaler Ableitung.

---

6   »Morden im Rampenlicht« ist der Titel eines Essays, den ich nach einer be-
     unruhigenden Serie von Mordanschlägen »im Grenzbereich von Amoklauf und
     Terror« (Thomas de Maizière, der damalige Innenminister) für den »Spiegel«
     2016 verfasst habe (Altmeyer, 2016b).

Auch die Psychoanalyse konstruiert ihre Kausalketten, wenn sie destruktives Verhalten zu erklären versucht: früh entgleiste Triebschicksale (Triebtheorie); schwere Ich- oder Über-Ich-Defekte (Ich-Psychologie); pathologische Beziehungserfahrungen (Objektbeziehungstheorie); ein pathologisches Selbstobjekt (Selbstpsychologie) oder ein böses »inneres Objekt« (kleinianische Schule). All diese Erklärungsvarianten des psychoanalytischen Pluralismus unterstellen psychogenetische Ursachen, die im Unbewussten das Erleben eines Menschen determinieren und sein Handeln bestimmen, sobald er in seiner Wut außer sich gerät.

Die ganze Welt soll zuschauen: Gewalt als grandiose Selbstinszenierung

Angriff auf das World Trade Center in NYC

Morden im Rampenlicht: Vorphantasien von Macht und Bedeutung auf der Couch

Abbildung 5: Mörderische Gewalt: Mediale Inszenierung oder psychische Disposition? (links: ©picture-alliance/dpa/epa afp Seth Mcallister; rechts: Marcus Langer/ Magazin DER SPIEGEL)

Doch der Ursachendiskurs führt nicht nur weg vom Tatgeschehen. Er entbindet auch den Täter von seiner persönlichen Verantwortung, die nun widrigen Umständen zugeschrieben wird. Die Suche nach der wahren Ursache ist immer eine Suche nach dem wahren Täter und nach der eigentlichen Schuld. Das Gewaltphänomen selbst wird schnell übergangen. Unter der Hand bestreitet man dem wirklichen Akteur die Zurechenbarkeit, macht ihn zu einer Marionette, an der andere ziehen, nur er selbst nicht. Indem wir ökonomische Benachteiligung, soziale Ausgrenzung, kulturelle Demütigung, ungünstige Familienverhältnisse oder mangelnde Integrationsangebote geltend machen, gewähren wir dem Gewalttäter jenen Bonus an Unverantwortlichkeit, den er sich selbst längst gewährt hat. Denn in aller Regel fühlt sich der gemeine Schulamokläufer oder Selbstmordattentäter als Opfer von anderen, die auf die Anklagebank und vor den Richterstuhl gehören, auf dem er jetzt sitzt.

Die bittere Ironie im Kausalmodell der gängigen Gewaltforschung liegt darin, dass der Gewalttäter, den sie zum Opfer erklärt, sich gerade entschieden hat, den Spieß umzudrehen. Ausgerechnet im Moment des Gewaltakts schlüpft er nämlich aus der Rolle des vermeintlich Gekränkten, Erniedrigten und Gedemütigten in die eines Rächers, der gnadenlos Vergeltung an seinen Peinigern übt. Was wäre, wenn die fürchterlichen Taten in sich selbst ihre Erklärung fänden? Wenn sie sich aus jenen Umständen verstehen ließen, die sie erst schaffen, aus dem vordergründigen Zweck, den sie tatsächlich erfüllen, aus den Reaktionen eines vorphantasierten Publikums, auf die sie insgeheim abzielen, auf den makabren Identitätsgewinn durch Massenmord: Ich hasse und vernichte den Anderen, also bin ich!

Eine Gewaltforschung, die statt der Gewalt selbst bloß ihre angeblichen Ursachen untersucht, verfehlt ihren Untersuchungsgegenstand, so der Soziologe Trutz von Trotha (1997, S. 19 f.): Wir erfahren viel »über Risikolagen, soziale und ökonomische Unterprivilegierung, Arbeitslosigkeit, Erziehungsdefizite, Schulversagen, Statusfrustration, psychische und soziale Pathologien, kurz, von allem, was nicht ›in Ordnung‹ scheint. […] Eine genuine Soziologie der Gewalt muss stattdessen mit der Gewalt beginnen, vor allem mit einer Phänomenologie der Gewalt«. Wenn wir dieser Aufforderung folgen und Gewalt nicht länger als Gegenstand einer »Ursachen-Soziologie«, einer »Ursachen-Psychologie« oder einer »Ursachen-Biologie« behandeln – wie sähe dann eine »genuine« Gewaltforschung aus, eine Forschung, die sich weniger mit symptomatischen Wirkungen von tiefer liegenden Ursachen, sondern mit dem Phänomen der Gewalt selbst befasst: mit dem szenischen Geschehen an der Oberfläche; mit der performativ hergestellten Beziehung des Täters zu seinen Opfern; mit dem Selbst- und Weltbild, den Größen- und Machtphantasien, die er uns im Verlauf seiner Tat wie auf einer Bühne vorführt?

»Lassen Sie uns banal miteinander werden«, schlägt Jan Philipp Reemtsma (2015) in seiner Abschiedsrede als Leiter des Hamburger Instituts für Sozialforschung vor und plädiert für Komplexitäts-reduktion im überkomplexen Gewaltdiskurs: »Wenn einer irgend-etwas tut, nehmen wir an, dass er das tut, weil er das tun will.« Gewalt brauche keine weitere Begründung, sie finde ihre Begründung in sich selbst, weil sie eine »attraktive Lebensform« sei, in der sich der Gewalttäter großartig und zu Hause fühle. »Warum lachen die Täter?«, fragt Klaus Theweleit (2015) in seiner literarischen Untersuchung zur Psychologie von Massenmördern im Medienzeitalter. Weil sie ihre totale Macht über andere genießen. Weil sie sich selbst mit den angstvollen Augen ihrer Opfer sehen. Weil sie neben den Opfern auch Zuschauer brauchen, die ihre Großartigkeit bezeugen. »Weil der Bösewicht allmächtig ist!«, lautet die Antwort des Filmregisseurs George Lucas auf die Frage, warum bei Kindern an Halloween von allen Star-Wars-Figuren ausgerechnet Darth Vader die beliebteste ist.

Sowohl Amokläufe als auch Terrorakte gehören zu einem neu-artigen Typus von Gewaltverbrechen, die von der US-amerikanischen Kriminologie als »Rampage Killing« bezeichnet werden und ein Set von typischen Tatmerkmalen miteinander teilen. Die Taten sind lange vorbereitet und werden in der Regel im Internet angekündigt. Das Morden geschieht auf offener Bühne. Die Mörder verstecken sich nicht. Vielmehr genießen sie ihren Auftritt. Sie fühlen sich mäch-tig. Sie weiden sich an der Angst ihrer Opfer. Eine hohe Opferzahl hebt ihr Selbstwertgefühl. Stets sorgen sie dafür, dass Zuschauer und Kameras beim Tötungswerk dabei sind. Meist bringen sie sich in einem finalen Showdown selbst um, sei es mit der eigenen Waffe, sei es durch provoziertes Polizeifeuer.

Bei diesem Tatmuster haben wir es mit der Bühnenaufführung eines grandios erweiterten Selbst zu tun. Der Täter ist zugleich Drehbuchautor, Dramaturg, Regisseur und Hauptdarsteller, alles in einer Person, die anderen Personen ihre Nebenrollen zuweist. Der Sinn dieses Schauspiels erschließt sich aus den imaginierten Zwe-cken, mentalen Wirkungen und publikumswirksamen Folgen einer Tat, die dem allmächtigen Täter jene posthume Berühmtheit liefert, die er sich in seinen Vorphantasien erhofft hat. Das »Rampage Killing« kann man als mörderische Selbstinszenierung vor Publikum begreifen. Ein pathologisch entgleister Narzissmus tritt in Aktion. Eine soziale Neugeburt findet statt. Der radikale Identitätswechsel macht aus der schwachen eine starke Figur, aus dem Gekränkten einen Samson, aus dem Verlierer einen Gewinner: Ein bisher Namenloser ist nun berühmt.

Nachwort

In der alltäglichen Interaktion mit ihren Smartphones, Laptops oder Tabletcomputern verbringen viele Menschen heutzutage mehr Zeit als mit wirklichen Interaktionspartnern. Dieser Sachverhalt liefert einerseits dem psychotherapeutisch besorgten Digitalpessimismus eine Bestätigung seiner Befürchtungen. Andererseits beflügelt er die digitaloptimistische Cybervision vom androiden Maschinenwesen, das zukünftigen Generationen einmal den Mitmenschen ersetzen wird. Dazu müsste man freilich den Robotern nicht nur äußerlich menschliche Züge verleihen, sondern sie auch mit zwischenmenschlichen Eigenschaften wie der Fähigkeit zur Empathie, zur Freundschaft oder gar zur Liebe ausstatten und ihnen ein emotionales und soziales Resonanzbedürfnis einprogrammieren. Nichts spricht dafür, dass dieses Projekt eines fernen Tages gelingt. Zu kläglich sind die bisherigen Resultate. Zu instrumentell ist der theoretische Ansatz. Zu viele Kategorienfehler werden gemacht. Zum Beispiel ist die Annahme falsch, die informationstechnologische Unterscheidung von Hardware und Software gelte auch für das menschliche Gehirn, dessen Netzwerkarchitektur eben nicht zwischen Struktur und Funktion unterscheidet. Als Beziehungsorgane bleiben Gehirn und Psyche der Künstlichen Intelligenz weit überlegen, die eigentlich gar keine Intelligenz ist, sondern bloß eine gewaltige Menge von Informationen sammelt, sortiert und hochrechnet.

Jedenfalls ist die digitale Medienwelt, auch wenn es so scheinen mag, kein apartes Terrain für sich, kein Ausland. Hier gelten die gleichen Regeln des Zusammenlebens, die gleichen Gesetze wie in der analogen Welt auch. Einschließlich der Meinungsfreiheit, zu der in liberalen Demokratien auch eine rohe Sprache und sogar Hasskommentare gehören, solange sie die Grenze zur Beleidigung, Verunglimpfung oder zum Gewaltaufruf nicht überschreiten.

Im Internet bewegen sich wirkliche Menschen, die als Einzelne oder als Gruppen miteinander kommunizieren. Es sei denn, es handelt sich um sogenannte »Bots«, um Software-Roboter, die von Fake-Accounts aus in soziale Netzwerke eingeschleust werden, um zu kommentieren, zu dissen oder zu liken, aber sich als Personen nur ausgeben. Doch selbst hinter solchen Scheinidentitäten verbergen sich Menschen aus Fleisch und Blut, die bestimmte Wirkungen erzielen wollen. Ebenso wie sogenannte »Trolle«, zu deren trauriger Lebenswirklichkeit es gehört, auf Internetforen andere Menschen zu provozieren, ihre Wut loszuwerden oder bloß schlechte Laune zu verbreiten. In der digitalen Moderne steht die virtuelle der wirklichen Realität keineswegs gegenüber, sondern bildet einen Bestandteil unserer unteilbaren Lebenswirklichkeit. Deshalb sind die neuen Medien an sich weder gut noch böse. Vielmehr stellen sie technisch hochgerüstete Kommunikationsmittel dar, die von ihren menschlichen Nutzern so oder so verwendet werden können. Auch Algorithmen werden von menschlichen Spezialisten, nämlich den Softwareentwicklern der Internetkonzerne, mit bestimmten Absichten und zu bestimmten Zwecken konstruiert. Deren Absichten und Zwecke können beides sein: wohltuend oder verwerflich, aufklärend oder manipulativ, gutartig oder bösartig.

Gerade weil das Internet offen, leicht zugänglich und schwer kontrollierbar ist, haben es Rechtsradikale, die ihre Stammtische in den Hinterzimmern verlassen, Reichsbürger, die sich noch im »dritten Reich« wähnen, Prepper, die sich auf den Weltuntergang vorbereiten, und andere Verschwörungstheoretiker für sich entdeckt. In den digitalen Filterblasen halten Dschihadisten und Salafisten, Sektierer jeder Couleur Ausschau nach Anhängern und Mitstreitern. Das Netz dient als Brandbeschleuniger für Hassprediger, als Marktplatz für Schreihälse, als Umschlagsort für dubiose Geschäftemacher. Online-Betrüger suchen dort nach Opfern. Drogenhändler nach Kunden. Im

Schattenbereich des Darknet tummeln sich Pädophilenringe, Hehler-
banden und Zuhälterkreise, Waffenschieber und Organhändler. Das
gesamte Spektrum menschlicher Niedertracht, Missgunst und Bos-
haftigkeit, das die soziale Lebenswelt vergiftet, ist hier reichlich ver-
treten. So ist das Zwischenmenschliche eben, ob analog oder digital.
Aber das ist nur die eine Seite. Wir finden im Internet auch bissigen
Humor, hintergründige Ironie und trockenen Witz, wie beispielsweise
den Hashtag #UninvitedIvanka. Er dokumentiert den peinlichen Auftritt von Ivanka Trump beim G20-Gipfel in Osaka 2019, auf den sie
ihr Daddy eingeschleust hat, sehr zum Amüsement der Mächtigen,
an dem jetzt auch Millionen Zuschauer teilhaben.

Mit Freud könnte man es eine der psychodynamischen Abwehr
dienende »Verschiebung« ins Harmlose nennen, wenn uns an Donald
Trump vor allem sein Twittern stört und nicht weit gefährlichere
Eigenschaften: sein fehlender Anstand, seine mangelhafte Bildung,
seine geringe Aufmerksamkeitsspanne, seine perverse Frauenfeind-
lichkeit, sein völkisches Weltbild, sein weißer Rassismus, sein unver-
hohlener Sozialdarwinismus, sein widerwärtiges Verhalten gegenüber Frauen, sein notorischer Hang zur Lüge, sein unbändiger Drang
nach öffentlicher Beachtung und dem prätentiösen Auftritt, vor allem
aber: dass er überhaupt ins mächtigste Amt der Welt gewählt worden ist. Der twitternde US-Präsident ist ein extremes Exemplar jenes
exzentrischen Persönlichkeitstyps, der in der digitalen Moderne zum
Sozialcharakter aufgestiegen ist. Wie andere Populisten auch: Duterte
auf den Philippinen, Bolsonaro in Brasilien, Maduro in Venezuela,
Viktor Orbán in Ungarn, Boris Johnson in Großbritannien. Sie lieben den direkten Zugang zum Volk, den ihnen das Internet verschafft
und der ihnen erlaubt, die Globalisierungsängste auszubeuten. Sie
hassen die Fremden, die Eindringlinge aus fernen Weltgegenden mit
anderen Sitten und Gebräuchen, den bunten Multikulturalismus, die
kapitalistische Globalisierung, die kosmopolitischen Eliten. Und sie
verkörpern das neue »Unbehagen in der Kultur« (Freud, 1930), ein
»Unbehagen in der Gesellschaft« (Ehrenberg, 2008, 2011), das ich als
generelles »Unbehagen in der Moderne« verstehe (vgl. Altmeyer, 2019).

In diesem weitverbreiteten Unbehagen an der globalisierten Gegenwartsmoderne liegen die psychodynamischen Energiequellen, aus denen der populistische Aufstand sich speist. Auf den Punkt des revolutionären Widerstands gebracht wird dieses dumpfe Selbst- und Weltgefühl in einer durchaus geistreichen Schrift, die zunächst im Internet zirkulierte, bevor sie auf den Buchmarkt kam. Ihr Titel: »Der kommende Aufstand« (Unsichtbares Komitee, 2010). Ihr Verfasser: ein anonymes Autorenkollektiv aus Frankreich, das sich »Unsichtbares Komitee« (Comité invisible) nennt. Hier eine Passage aus dem heideggernden Text, von dem man nicht weiß, ob er dem links- oder rechtsradikalen Spektrum zuzurechnen ist. Jedenfalls atmet er den Geist eines »infernalischen Kulturpessimismus« (Hayer, 2016):

»Unter welchem Blickwinkel man sie auch betrachtet, die Gegenwart ist ausweglos. Denen, die unbedingt hoffen wollen, raubt sie jeden Halt. Diejenigen, die vorgeben, Lösungen zu besitzen, werden auf der Stelle widerlegt. Es besteht Einverständnis, dass alles nur noch schlimmer werden kann. Von einem Punkt extremer Isolation, extremer Ohnmacht brechen wir auf. An einem aufständischen Prozess ist alles noch aufzubauen. Nichts scheint unwahrscheinlicher als ein Aufstand, aber nichts ist notwendiger. [...] Es gibt keine ›Einwanderungsfrage‹. Wer wächst noch da auf, wo er geboren ist? Wer wohnt da, wo er aufgewachsen ist? Wer arbeitet da, wo er wohnt? Wer lebt da, wo seine Vorfahren wohnten? [...] Die Wahrheit ist, dass wir in Massen von jeder Zugehörigkeit losgerissen wurden, dass wir von nirgendwo mehr sind und dass daraus ein unleugbares Leiden folgt [...]. Das Volk von Fremden, in dessen Mitte wir leben, ›Gesellschaft‹ zu nennen ist eine solche Anmaßung, dass selbst die Soziologen erwägen, ein Konzept aufzugeben, das ein Jahrhundert lang ihr Broterwerb war. Sie bevorzugen jetzt die Metapher des Netzes, um die Art zu beschreiben, wie sich die kybernetischen Einsamkeiten verbinden, wie sich die schwachen Interaktionen verknüpfen, die unter den Namen ›Kollege‹, ›Kontakt‹, ›Kumpel‹, ›Beziehung‹ oder ›Abenteuer‹ bekannt sind. Es wäre Zeitverschwendung, einzeln aufzuführen, was alles in den bestehenden sozialen Beziehungen im Sterben liegt«.

Lässt sich der Niedergang der Welt doch noch anhalten? Kann man das Rad der Zeit doch wieder zurückdrehen? Hat der zeitgenössische »Engel der Geschichte« von Walter Benjamin, der »Angelus Novus« von Paul Klee, doch recht, wenn er seinen Blick in die Vergangenheit richtet? Gerade die Psychotherapie sollte darauf vertrauen, dass die Internetgeneration sich die Lebenswelt der reflexiven Moderne auf ihre besondere Weise aneignet, mitsamt dem Unvertrauten, Ungewohnten, Unverstandenen und gerade deshalb so Befremdlichen.

Literatur

Adorno, T. W. (1950/1973). Studien zum autoritären Charakter. Gesammelte Schriften, hrsg. v. R. Tiedemann unter Mitwirkung von G. Adorno et al., Bd. 8. Frankfurt a. M.: Suhrkamp.

Adorno, T. W. (1963/1973). Résumé über Kulturindustrie. Gesammelte Schriften, hrsg. v. R. Tiedemann unter Mitwirkung von G. Adorno et al., Bd. 10 (S. 337–343). Frankfurt a. M.: Suhrkamp.

Albert, A. M., Hurrelmann K., Quenzel, G., TNS Infratest Sozialforschung (2015). Jugend 2015. 17. Shell-Jugendstudie. Frankfurt a. M.: Fischer.

Altmeyer, M. (2000). Narzissmus und Objekt. Ein intersubjektives Verständnis der Selbstbezogenheit. Göttingen: Vandenhoeck &. Ruprecht.

Altmeyer, M. (2003). Im Spiegel des Anderen. Anwendungen einer relationalen Psychoanalyse. Gießen: Psychosozial-Verlag.

Altmeyer, M. (2011). Soziales Netzwerk Psyche. Versuch einer Standortbestimmung der modernen Psychoanalyse. Forum der Psychoanalyse, 2, 107–127.

Altmeyer, M. (2013). Die exzentrische Psyche. Zur zeitgenössischen Neigung des Seelenlebens, aus sich herauszugehen und zu zeigen, was in ihm steckt. Forum der Psychoanalyse, 3, 1–26.

Altmeyer, M. (2016). Auf der Suche nach Resonanz. Wie sich das Seelenleben in der digitalen Moderne verändert. Göttingen: Vandenhoeck & Ruprecht.

Altmeyer, M. (2016a). Aufmerksamkeit bitte! Die Digitalisierung setzt den Strukturwandel von 1968 fort. Eine Antwort auf Hans Magnus Enzensberger und Harald Welzer. Der Spiegel, 22/2016.

Altmeyer, M. (2016b). Morden im Rampenlicht. Über die öffentliche Inszenierung von Allmacht und Größenwahn. Der Spiegel, 31/2016.

Altmeyer, M. (2019). Das Unbehagen in der Moderne. Populismus aus Sicht einer relationalen Psychoanalyse. Psychosozial, 42, 155 (1), 84–95.

Altmeyer, M., Thomä, H. (Hrsg.) (2006/2016). Die vernetzte Seele. Die intersubjektive Wende in der Psychoanalyse (3. Aufl. mit einem neuen Vorwort). Stuttgart: Klett-Cotta.

Balint, M (1937/1969). Frühe Entwicklungsstadien des Ichs. Primäre Objektliebe. In: Die Urformen der Liebe und die Technik der Psychoanalyse
(S. 83–102). Frankfurt a. M.: Fischer. Auch: Stuttgart: Klett-Cotta, 2. Aufl.,
1997.

Bauer, J. (2005). Warum ich fühle, was du fühlst. Intuitive Kommunikation und das Geheimnis der Spiegelneuronen. Hamburg: Hoffmann
und Campe.

Bauer, J. (2008). Das kooperative Gen. Abschied vom Darwinismus. Hamburg: Hoffmann und Campe.

Bauman, Z. (2003). Flüchtige Moderne. Frankfurt a. M.: Suhrkamp.

Bauman, Z. (2005). Moderne und Ambivalenz. Das Ende der Eindeutigkeit.
Hamburg: Hamburger Edition.

Benjamin, J. (1988/1993). Die Fesseln der Liebe. Psychoanalyse, Feminis-
mus und das Problem der Macht. Basel u. Frankfurt a. M.: Stroemfeld/
Roter Stern.

Benjamin, W. (1940/1974). Über den Begriff der Geschichte. In R. Tiedemann, H. Schweppenhäuser (Hrsg.), Gesammelte Schriften, Bd. 1, Teil 2,
These IX (S. 691–704). Frankfurt a. M.: Suhrkamp.

Bohleber, W. (2006). Intersubjektivismus ohne Subjekt? Der Andere in der
psychoanalytischen Tradition. In M. Altmeyer, M. Thomä, H. (Hrsg.),
Die vernetzte Seele. Die intersubjektive Wende in der Psychoanalyse
(S. 203–226). Stuttgart: Klett-Cotta.

Bollas, C. (1987/1997). Der Schatten des Objekts. Das ungedachte Bekannte:
Zur Psychoanalyse der frühen Kindheit. Stuttgart: Klett-Cotta.

Bollas, C. (2015). Psychoanalysis in the age of bewilderment: On the return
of the oppressed. Hauptvortrag auf dem 49. IPA-Congress Boston 2015
(unveröffentlicht).

Bollas, C. (2018). Meaning and melancholia: Life in the age of bewilderment.
Abingdon/Oxon: Routledge.

Bråten, S. (1992). The virtual other in infants' minds and social feelings. In
A. Wold (Ed.), The dialogical alternative. Towards a theory of language
and mind (pp. 77–97). Oslo: Scandinavian University Press.

Brooks, D. (2015). Building attention span. The New York Times, 10.07.2015.
http://www.nytimes.com/2015/07/10/opinion/david-brooks-building-
attention-span.html?action=click&contentCollection=opinion&re
gion=stream&module=stream_unit&version=latest&contentPlace
ment=14&pgtype=collection (13.10.2015).

Chasseguet-Smirgel, J. (1975/1987). Das Ichideal: psychoanalytischer Essay
über die »Krankheit der Idealität«. Frankfurt a. M.: Suhrkamp.

Damasio, A. (2004). Descartes' Irrtum. Fühlen, Denken und das menschliche Gehirn. München: List.

Davidson, D. (2001/2004). Subjektiv, intersubjektiv, objektiv. Frankfurt a. M.: Suhrkamp.

Dornes, M. (1993). Der kompetente Säugling. Frankfurt a. M.: Fischer.

Dornes, M. (1997). Die frühe Kindheit. Frankfurt a. M.: Fischer.

Dornes, M. (2000). Die emotionale Welt des Kindes. Frankfurt a. M.: Fischer.

Dornes, M. (2002). Der virtuelle Andere. Aspekte vorsprachlicher Intersubjektivität. Forum der Psychoanalyse, 18, 303–331.

Dornes, M. (2006). Die Seele des Kindes. Frankfurt a. M.: Fischer.

Dornes, M. (2012). Die Modernisierung der Seele. Kind – Familie – Gesellschaft. Frankfurt a. M.: Fischer.

Dornes, M. (2016). Macht der Kapitalismus depressiv? Seelische Gesundheit und Krankheit in modernen Gesellschaften. Frankfurt a. M.: Fischer.

Eco, U. (1987). Über Gott und die Welt. Essays und Glossen. München: Hanser.

Eggers, D. (2014). Der Circle. Köln: Kiepenheuer & Witsch.

Ehrenberg, A. (2008). Das erschöpfte Selbst: Depression und Gesellschaft in der Gegenwart. Frankfurt a. M.: Suhrkamp.

Ehrenberg, A. (2011). Das Unbehagen in der Gesellschaft. Berlin: Suhrkamp.

Enzensberger, H. M. (2014). Regeln für die digitale Welt: Wehrt Euch! Frankfurter Allgemeine Zeitung vom 28.02.2014. http://www.faz.net/aktuell/feuilleton/debatten/enzensbergers-regeln-fuer-die-digitale-welt-wehrt-euch-12826195.html (10.07.2019).

Franck, G. (1998). Ökonomie der Aufmerksamkeit. Ein Entwurf. München: Hanser.

Franck, G. (2005). Mentaler Kapitalismus. Eine politische Ökonomie des Geistes. München: Hanser.

Franzen, J. (2015a). Im Interview. https://www.faz.net/aktuell/feuilleton/buecher/autoren/jonathan-franzen-unschuld-im-interview-13773830-p3.html (09.07.2019).

Franzen, J. (2015b). Unschuld. Reinbek: Rowohlt.

Franzen, J. (2019). Das Ende vom Ende der Welt. Reinbek: Rowohlt.

Freud, S. (1905). Drei Abhandlungen zur Sexualtheorie. GW V (S. 27–145). Frankfurt a. M.: Fischer.

Freud, S. (1911). Formulierungen über die zwei Prinzipien des psychischen Geschehens. GW VIII (S. 230–238). Frankfurt a. M.: Fischer.

Freud, S. (1914). Zur Einführung des Narzissmus. GW X (S. 137–170). Frankfurt a. M.: Fischer.

Freud, S. (1915). Triebe und Triebschicksale. GW X (S. 209–232). Frankfurt a. M.: Fischer.

Freud, S. (1920). Jenseits des Lustprinzips. GW XIII (S. 1–69). Frankfurt a. M.: Fischer.

Freud, S. (1921). Massenpsychologie und Ich-Analyse. GW XIII (S. 71–161). Frankfurt a. M.: Fischer.

Freud, S. (1923). Das Ich und das Es. GW XIII (S. 237–289). Frankfurt a. M.: Fischer.

Freud, S. (1926). Hemmung, Symptom und Angst. GW XIV (S. 111–205). Frankfurt a. M.: Fischer.

Freud, S. (1930). Das Unbehagen in der Kultur. GW XIV (S. 419–506). Frankfurt a. M.: Fischer.

Freud, S. (1933). Neue Folge der Vorlesungen zur Einführung in die Psychoanalyse. GW XV (S. 62–86). Frankfurt a. M.: Fischer.

Freud, S. (1940). Abriss der Psychoanalyse. GW XVII (S. 63–138). Frankfurt a. M.: Fischer.

Fuchs, T. (2007). Das Gehirn – ein Beziehungsorgan. Stuttgart: Kohlhammer.

Gerson, S. (2004). The relational unconscious: A core element of intersubjectivity, thirdness, and clinical process. Psychoanalytic Quarterly, 73, 63–98.

Habermas, J. (1961/1993). Strukturwandel der Öffentlichkeit. Untersuchungen zu einer Kategorie der bürgerlichen Gesellschaft. Frankfurt a. M.: Suhrkamp.

Habermas, J. (2005). Zwischen Naturalismus und Religion. Philosophische Aufsätze. Frankfurt a. M.: Suhrkamp.

Hayer, B. (2016). Wir Zombies, unterwegs in die narzisstische Kernschmelze. Spiegel online. http://www.spiegel.de/kultur/literatur/byung-chul-han-die-austreibung-des-anderen-rezension-a-1105018.html (12.07.2019).

Honneth, A. (1992). Kampf um Anerkennung. Zur moralischen Grammatik sozialer Konflikte. Frankfurt a. M.: Suhrkamp.

Honneth, A. (2000). Objektbeziehungstheorie und postmoderne Identität. Über das vermeintliche Veralten der Psychoanalyse. Psyche – Zeitschrift für Psychoanalyse und ihre Anwendungen, 54, 1087–1109.

Honneth, A. (2006). Facetten des vorsozialen Selbst. Eine Erwiderung auf Joel Whitebook. In M. Altmeyer, H. Thomä (Hrsg.), Die vernetzte Seele. Die intersubjektive Wende in der Psychoanalyse (S. 314–333). Stuttgart: Klett-Cotta.

Horkheimer, M. (Hrsg.) (1936/2005). Studien über Autorität und Familie. Forschungsberichte aus dem Institut für Sozialforschung. Paris: Librairie Félix Alcan. Reprint: Lüneburg: zu Klampen.

Horkheimer, M. (1967/1987). Autoritärer Staat. In M. Horkheimer, Gesammelte Schriften, Bd. 5: Dialektik der Aufklärung und Schriften 1940–1950 (S. 293–319). Hrsg. von G. Schmid Noerr. Frankfurt a. M.: Fischer.

Horkheimer, M., Adorno, T. W. (1947/1969). Dialektik der Aufklärung. Frankfurt a. M.: Fischer.

Huxley, A. (1932/1953). Schöne neue Welt. Frankfurt a. M.: Fischer.

Lacan, J. (1936/1973). Das Spiegelstadium als Bildner des Ich. Schriften I (S. 61–70). Olten u. Freiburg i. Br.: Walter.

Lanier, J. (2013). Wem gehört die Zukunft? Du bist nicht der Kunde der Internetkonzerne. Du bist ihr Produkt. Hamburg: Hoffmann und Campe 2014.

Laplanche, J. (1992/1996). Die unvollendete kopernikanische Revolution in der Psychoanalyse. Frankfurt a. M.: Fischer.

Lasch, C. (1979/1995). Das Zeitalter des Narzissmus. Hamburg: Hoffmann und Campe.

Lear, J. (2005). Freud. New York u. London: Routledge.

Lemma, A., Caparotta, L. (2016). Psychoanalyse im Cyberspace. Frankfurt a. M.: Brandes & Apsel.

Loewald, H. W. (1986). Psychoanalyse. Aufsätze aus den Jahren 1951–1979. Stuttgart: Klett-Cotta.

Loh, Jan van (2018). Digitale Störungen bei Kindern und Jugendlichen. Stuttgart: Klett-Cotta.

Lyons-Ruth, K. et al. (1998). Implicit relational knowing: Its role in development and psychoanalytic treatment. Infant Mental Health Journal, 19, 282–289.

Matt, P. v. (1979). Die Opus-Phantasie. Das phantasierte Werk als Metaphantasie im kreativen Prozess. Psyche – Zeitschrift für Psychoanalyse und ihre Anwendungen, 33, 193–212.

Mau, S. (2017). Das metrische Wir. Über die Quantifizierung des Sozialen. Berlin: Suhrkamp.

Menasse, E. (2019). Für Pessimismus ist es zu spät. Dankesrede anlässlich der Verleihung des Ludwig-Börne-Preises 2019. https://www.kiwi-verlag.de/blog/2019/05/29/fuer-pessimismus-ist-es-zu-spaet-dankesrede-von-eva-menasse-anlaesslich-der-verleihung-des-ludwig-boerne-preises/ (07.07.2019).

Mitchell, S. A. (2000/2003). Bindung und Beziehung. Auf dem Weg zu einer relationalen Psychoanalyse. Gießen: Psychosozial-Verlag.

Morozow, E. (2013). Smarte neue Welt. Digitale Technik und die Freiheit des Menschen. München: Blessing.

Ogden, T. H. (1994/1950). Subjects of analysis. Northvale, NJ: Jason Aronson.

Orwell, G. (1949/1950). 1984. Rastatt u. Zürich: Diana.

Reemtsma, J. P. (2015). Gewalt als attraktive Lebensform betrachtet. Abschiedsrede am Hamburger Institut für Sozialforschung vom 5. Juni 2015 (als mp3 auf der Webseite des Instituts).

Reich, W. (1933/1970). Charakteranalyse. Köln: Kiepenheuer & Witsch.

Reiche, R. (1995). Von innen nach außen? Sackgassen im Diskurs über Psychoanalyse und Gesellschaft. Psyche – Zeitschrift für Psychoanalyse und ihre anwendungen, 49, 227–258.

Reiche, R. (1999). Subjekt, Patient, Außenwelt. Psyche – Zeitschrift für Psychoanalyse und ihre Anwendungen, 53, 572–596.

Rezo (2019). Die Zerstörung der CDU. Youtube-Video. https://www.hna.de/politik/zerstoerung-cdu-youtuber-rezo-erreicht-millionen-klicks-mit-partei-kritik-12316675.html (07.07.2019).

Rosa, H. (2016). Resonanz. Eine Soziologie der Weltbeziehung. Frankfurt a. M.: Suhrkamp.

Schirrmacher, F. (Hrsg.) (2015). Technologischer Totalitarismus. Eine Debatte. Frankfurt a. M.: Suhrkamp.

Sennett, R. (1976/1986). Verfall und Ende des öffentlichen Lebens. Die Tyrannei der Intimität. Frankfurt a. M.: Fischer.

Singer, W. (2002). Der Beobachter im Gehirn. Essays zur Hirnforschung. Frankfurt a. M.: Suhrkamp.

Smith, Z. (2019). Im Interview. https://www.faz.net/aktuell/feuilleton/buecher/autoren/die-britische-schriftstellerin-zadie-smith-im-interview-ueber-internet-brexit-und-die-junge-generation-16170464.html (09.07.2019).

Spezzano, C. (1995). »Classical« versus »contemporary« theory. Contemporary Psychoanalysis, 31, 20–46.

Spitzer, M. (2012). Digitale Demenz: Wie wir uns und unsere Kinder um den Verstand bringen. Stuttgart: Klett-Cotta.

Spitzer, M. (2018). Die Smartphone-Epidemie. Gefahren für Gesundheit, Bildung und Gesellschaft. Stuttgart: Klett-Cotta.

Stern, D. B. (1997). Unformulated experience. Hillsdale, NJ: Analytic Press.

Stern, D. N. (1985/1992). Die Lebenserfahrung des Säuglings. Stuttgart: Klett-Cotta.

Streeck, U. (2016). Psychotherapie als Weg zum Seelen-Enhancement? In: Psychotherapeut (Schwerpunktheft: Der optimierte Mensch), 61/2, 98–104.

Taylor, C. (1989/1996). Quellen des Selbst. Die Entstehung der neuzeitlichen Identität. Frankfurt a. M.: Suhrkamp.

Taylor, C. (2007/2009). Ein säkulares Zeitalter. Frankfurt a. M.: Suhrkamp.

Teising, M. (2015). Co-Referat zu: Bollas, C. (2015). Psychoanalysis in the age of bewilderment: On the return of the oppressed. Hauptvortrag auf dem 49. IPA-Congress Boston 2015 (unveröffentlicht).

Theweleit, K. (2015). Das Lachen der Täter: Breivik u. a. Psychogramm der Tötungslust. Salzburg: Residenz-Verlag.

Thomä, H., Kächele, H. (2006). Lehrbuch der psychoanalytischen Therapie. Bd. 1: Grundlagen, Bd. 2: Praxis, Bd. 3: Forschung (3. Aufl.). Berlin u. a.: Springer.

Trevarthen, C. (1979). Communication and cooperation in early infancy: A description of primary intersubjectivity. In M. Bullowa (Ed.), Before speech: The beginning of interpersonal communication (pp. 321–347). New York: Cambridge University Press.

Tronick, E. et al. (1975/2007). Still Face Experiment. http://www.umb.edu/Why_UMass/Ed_Tronick (09.07.2019).

Trotha, T. v. (1997). Zur Soziologie der Gewalt. In ders. (Hrsg.), Soziologie der Gewalt. Kölner Zeitschrift für Soziologie und Sozialpsychologie, Sonderheft 37, 9–56.

Unsichtbares Komitee (2010). Der kommende Aufstand. Hamburg: Edition Nautilus. (Original: Comité invisible. L'insurrection qui vient. Paris: La fabrique editions, 2008).

Wallerstein, R. S. (1990). Psychoanalysis. The common ground. The International Journal of Psychoanalysis, 71, 3–20.

Welzer, H. (2016). Das Leben ist analog. Die digitale Diktatur. Und wie man sie bekämpft. Der Spiegel, 17/2016.

Winnicott, D. W. (1955/1983). Von der Kinderheilkunde zur Psychoanalyse. Frankfurt a. M.: Fischer.

Winnicott, D. W. (1965/1974). Reifungsprozesse und fördernde Umwelt. München: Kindler.

Winnicott, D. W. (1971/1995). Vom Spiel zur Kreativität. Stuttgart: Klett-Cotta.

Zeddies, T. (2000). Within, outside, and in-between. The relational unconscious. Psychoanalytic Psychology, 17, 467–487.

Ziehe, T. (1975). Pubertät und Narzissmus. Sind Jugendliche entpolitisiert? Frankfurt a. M. u. Köln: EVA.